对外开放新格局下陕西经济
高质量发展研究系列丛书

陕西高校青年创新团队建设项目（陕教2019〔90〕号和22JP026）、陕西省社科著作出版资助项目（2022SKZZ019）、校级科研团队建设项目（XFU21KYT-DA01）、“双一流”建设项目、陕西省社科联重大理论项目（2019Z072）。

# 对外开放新格局下
# 中欧班列高质量发展研究

王丹 著

Research on the High-quality Development of
China Railway Express Based on the New Opening Pattern

中国经济出版社
CHINA ECONOMIC PUBLISHING HOUSE
·北京·

**图书在版编目（CIP）数据**

对外开放新格局下中欧班列高质量发展研究 / 王丹著. -- 北京：中国经济出版社，2023. 5

ISBN 978 - 7 - 5136 - 7317 - 4

Ⅰ. ①对… Ⅱ. ①王… Ⅲ. ①铁路运输 - 国际联合运输 - 铁路运输发展 - 研究 - 中国、欧洲 Ⅳ. ①F530. 85

**中国国家版本馆 CIP 数据核字（2023）第 090907 号**

责任编辑　杨元丽
责任印制　马小宾
封面设计　任燕飞设计

**出版发行**　中国经济出版社
**印 刷 者**　北京科信印刷有限公司
**经 销 者**　各地新华书店
**开　　本**　710mm × 1000mm　1/16
**印　　张**　15. 75
**字　　数**　212 千字
**版　　次**　2023 年 5 月第 1 版
**印　　次**　2023 年 5 月第 1 次
**定　　价**　69. 00 元
**广告经营许可证**　京西工商广字第 8179 号

**中国经济出版社** **网址** www. economyph. com **社址** 北京市东城区安定门外大街 58 号 **邮编** 100011

本版图书如存在印装质量问题，请与本社销售中心联系调换（联系电话：010 - 57512564）

# 总　序

开放是人类文明进步的重要动力，是世界繁荣发展的必由之路。全面贯彻新发展理念，必须全面提高对外开放水平，建设更高水平开放型经济新体制，形成国际合作和竞争新优势。党的二十大报告提出要推进高水平对外开放，稳步扩大规则、规制、管理、标准等制度型开放，加快建设贸易强国，推动共建“一带一路”高质量发展，维护多元稳定的国际经济格局和经贸关系。这充分表明中国的对外开放将不断向更大范围、更深层次、更广领域持续推进。当前国际、国内环境发生了巨大变化，我们要以开放纾发展之困、以开放汇合作之力、以开放聚创新之势、以开放谋共享之福，推动经济全球化不断向前。

陕西是亚欧大陆桥的重要支点，多条铁路、公路、航线在此交会，具有区位、科教、能源、文化、军工等优势。“一带一路”倡议，是时代赋予陕西开放发展千载难逢的历史机遇，也使陕西成为中国向西开放的前沿。作为不靠海、不沿边的内陆省份，陕西以开放促改革、促创新、促发展的思路，积极对接国家开放战略，抢抓机遇，放大优势，努力实现更大范围、更广领域、更深层次的对外开放，积极融入“一带一路”发展，坚持“引进来”与“走出去”相结合，围绕打造内陆改革开放高地目标，积极应对复杂严峻的国际贸易形势，推动陕西对外贸易迅速发展，对外开放水平大幅提升，经济外向度创历史新高。

党的十八大以来，陕西省对外开放成绩显著，外贸进出口取得了长足发展，外商直接投资实现了新飞跃。为补齐开放不足短板，陕西深度融入共建“一带一路”大格局，主动融入新时代西部大开发、黄河流域生态保护和高质量发展等国家战略，坚持以新发展理念推动高质量发展，为加快打造内陆改革开放高地提供了有力支撑。

一是进出口贸易呈现稳定增长态势。西安海关统计数据显示，2013—2021 年全省累计实现进出口总值 25080.06 亿元人民币，年均增长 19.8%，高于全国 14.4 个百分点。2022 年 1—8 月，陕西省进出口贸易总值 3207.7 亿元人民币，较 2021 年同期增长 3.6%。其中，出口 1985.2 亿元，增长 21.9%；进口 1222.5 亿元，下降 16.7%，同期贸易顺差 762.7 亿元。陕西省一般贸易进出口比重提升，对“一带一路”沿线国家、RCEP 其他国家进出口保持增长。有实绩的外贸企业呈增长态势。截至 2021 年年底，陕西省进出口贸易伙伴共有 221 个国家和地区，尤其是韩国、中国台湾、美国、中国香港和日本五大贸易伙伴，2013—2021 年在陕累计实现进出口总额 16544.99 亿元，年均增长 23.8%。



二是“长安号”成为贸易“黄金通道”。中欧班列“长安号”国内“+西欧”线路达到 19 条，国际运输干线 17 条，基本覆盖欧亚大陆全境，覆盖“一带一路”沿线 45 个国家和地区。中欧班列高质量发展各项指标稳居全国前列，已成为运输时效最快、智能化程度最高、线路辐射最广、服务功能最全、综合成本最低的“五最班列”，集结中心在全国起到引领示范作用。

三是国际性综合交通枢纽建设加速。西安咸阳国际机场是中国北方第二大门户枢纽机场，西咸新区空港新城已联合机场累计开通全货运航线 38 条，其中，国际航线 19 条，覆盖首尔、东京、洛杉矶、莫斯科、布鲁塞尔、曼谷、德里等欧亚及北美13个国家18个城市，初步构建起“向西开放、向东集散、辐射全球”的航空网络。西安铁路枢纽是全国铁路六大枢纽之一，西安北站为亚洲最大火车站（18站台34线），将建成全国“米”字形高铁枢纽网，以西安为中心到主要省会城市的“高铁一日生活圈”初步形成。西安公路枢纽是全国公路六大枢纽之一，基本形成以“米”字形高速公路网和“一环十二辐射”为主骨架的公路网。

四是利用外资保持增长。2022年1—11月，陕西省新设外商投资企业274家，实际使用外资（FDI）13.6亿美元，超过2021年全年总量，为2021年全年的128.3%，规模居全国第19位；同比增长27.85%，增速居全国第12位。使用外资排前五位的分别是中国香港、英国、法国、韩国、日本。关中、陕北、陕南地区实际使用外资（不含国家天然气合作开发项目）分别占全省实际使用外资总额的92.08%、5.95%和1.97%。



随着“一带一路”建设的稳步推进，陕西对外开放迈出更大步伐，推动形成了“一核两翼四通道五中心多平台”的全方位联动开放新布局，自贸区、丝博会、欧亚经济论坛、杨凌农高会、秦创原等综合开放平台建设力度持续增大，与“一带一路”沿线国家的教育、文旅、医疗、考古、科技、媒体等多领域交流合作不断深化。但陕西的对外开放还存在区域内发展不平衡、产业结构仍需提升、开放创新动力不足等问题。如何破解陕西在对外开放新格局下面临的短板，政府、企业、高校等做了一系列的探索和研究。西安翻译学院作为一所地方高校，目前已发展成一所以文科、商科为主，以外语为特色，多学科协调发展，具有重要影响和鲜明特色的民办大学。近年来，学校积极服务地方经济发展，在学校相继获批国际经济与贸易、翻译、英语3个国家级一流专业建设点和11个省级一流专业建设点的背景下，学校的专业建设水平及服务地方经济发展的能力显著增强。对外开放新格局下陕西经济高质量发展研究系列丛书应运而生，此系列专著受到了陕西省社会科学界联合会和学校国家一流专业支持，主要从陕西口岸经济、陕西自贸区、陕西现代幸福服务业、丝路通道等方面展开深入研究，助力陕西经济高质量发展。

丛书的主要观点包括七个方面：一是口岸是国家的门户，自古以来，具有独特的政治、经济和文化属性，是打造内陆改革开放高地，激发高质量发展活力动力的重要平台和通道。对外开放新格局下，陕西应抢抓主动融入“一带一路”的黄金机遇期，探索陕西高水平开放路径和产业发展的核心优势，充分发挥口岸在开放型经济发展中的加速器和战略引擎作用。二是在中国推进更高水平的对外开放和推动高质量发展政策的进一步落实背景下，现代服务业将是社会发展水平提升的重要标志，陕西要瞄准国际标准，推动中国幸福服务业高质量发展，大力提升现代幸福服务业国际化水平，培育产业竞争新优势，促进经济迈向中高端水平。三是扩大对外开放同时为陕西金融业的改革与开放发展带来了前所未有的重大机遇和严峻挑战。陕西要从统筹金融资源、对接国家战略、深化金融供给侧改革、完善金融市场体系及加强金融监管协调方面提升陕西金融业综合竞争力，全力服务和融入新发展格局，实现陕西金融业高质量发展。四是陕西自贸试验区被赋予的责任是建设成为全面改革开放试验田，物流业的发展是重中之重。物流业要助力对外开放新格局，从物流政策框架构建、物流系统协同运作等方面促进陕西自贸试验区物流系统均衡、快速、稳定、可持续发展。五是数字经济作为新型的经济形态，要高质量服务贸易发展，尤其是在国内外复杂经济形势下，陕西要寻求适于发展跨境电商的优势产业，从跨境电商平台、跨境电商园区、产业基础、跨境物流、人才培养等方面寻找对策。六是自“一带一路”倡议提出以来，中欧班列为我国内陆城市的发展提供了动力支持，也为沿线国家经济发展搭建了桥梁。但中欧班列仍然存在运力不足、运输单据缺乏国际规则支撑、竞争激烈、往返班列失衡等问题，中欧班列的高质量发展对释放通道潜能，促进陕西对外开放和中欧市场的互联互通具有重要意义。七是提升对外开放水平，就必须强化世界眼光和世界市场意识。陕西要以更加开放的思维来对县域经济进行谋划布局，以陕西蓝田县为例，蓝田县要紧密对接陕西打造内陆开放新高地的新要求，形成“蓝田与西安共同成长，与世界良性互动”的主要方向、特色和追赶超越目标，发挥区位、交通、人文优势，实现“四化”全面发展。

此套丛书主要是西安翻译学院国际商学院基于学科专业发展方向，在一流学院建设经费、陕西省社科著作出版资助项目、陕西高校青年创新团队、校级科研团队建设的资助下出版的。研究人员分别从不同角度围绕对外开放新格局，为陕西经济高质量发展出谋划策。每本著作从选题、论证、撰写到最终成稿，都经过多次修改和完善。丛书的顺利出版，是对研究人员多年研究成果的总结。期望其对地方经济的发展有所参考，使更多的读者受益。

西安翻译学院校长 崔智林

2022 年 10 月

# 前言

2011 年 3 月 19 日，中欧班列首次开出从重庆直达欧洲杜伊斯堡的班列，以先行者的角色，在探索亚欧大陆互联互通方面发挥作用，成为经济全球化背景下供应链创新发展的里程碑。2013 年，习近平总书记提出“一带一路”倡议，殷切期许中国未来能够继续扩大对外开放，并深度融入经济全球化发展新格局中。中欧班列作为往返于“一带一路”沿线国家的集装箱国际铁路联运班列，成为亚欧大陆国际物流运输的中坚力量和推动“一带一路”建设的重要载体，也是中国与“一带一路”沿线国家经贸往来的主要桥梁。

我国各内陆城市为了抢占对外开放的制高点，在当地政府的大力支持和推动下，相继推出西安—莫斯科、郑州—汉堡、成都—罗兹、义乌—马德里、武汉—布达佩斯等多条中欧班列。它们往返于新丝绸之路上，传承和延续着古丝绸之路的桥梁、纽带作用，作为性价比最高的绿色运输方式，为沿线国家和地区铺就出一条充满商机、繁荣昌盛的国际大通道。在推动沿线国家经济发展、提升地区影响力的同时，也促进了中国与沿线国家的经济、政治、文化的交流与合作，带来一连串的良性循环连锁效应，彰显出强大的生命力。

为了更好地发挥中欧班列在“一带一路”经济发展中的桥梁

作用，并肩负起将西部地区打造成对外开放的前沿阵地的使命，各级政府部门及中国铁路总公司①相继出台一系列规范性文件。2015年3月，国家发展改革委协同外交部和商务部共同发布《推动共建丝绸之路经济带和21世纪海上丝绸之路的愿景与行动》，指出“要建立中欧通道铁路运输和口岸通关协调机制，打造中欧班列品牌，建设沟通境内外、连接东中西的运输通道”，为中欧班列的持续性发展指明了方向。2016年6月8日，中国铁路总公司统一“中欧班列”品牌名称，又与有关部门和地方政府共同制定了《中欧班列建设发展规划（2016—2020年）》。2020年海关总署出台支持中欧班列发展10条措施，从不同角度推进中欧班列安全稳定高质量发展。



经过10多年的发展，中欧班列发展取得了显著的成效。班列全程运输时间基本稳定，通常为15～20天，较海运时间减少了2/3，班列开行数量逐年快速增长，2020年开行中欧班列1.24万列、113.5万标准箱，同比分别增长50%、56%，运量占中欧贸易的份额逐年提升。在运输格局上，形成了东、中、西3条稳定的交通运输通道，重庆、成都、西安、郑州、乌鲁木齐5个城市的集散功能逐步显现。另外，为了应对中欧班列途经国家多，沿途气温、交规、轨道等差异大的情况，班列实施创新发展，创制了类似于提单功能的铁运单，发明了多种恒温集装箱，改进了多项物流服务项目。

实践证明，中欧班列作为“一带一路”上的“钢铁驼队”，颠覆了传统商业模式，激活了沿线国家部分衰退的货运线路，有效地促进了中欧经贸合作与商品流通，推进了数字贸易网络，推动了内陆城市沿海化，变革了全球供应链，引导了产业集聚发展，

① 现为中国国家铁路集团有限公司，以下简称“国铁集团”。

缩小了地区发展差距，推动了区域创新效率的提升等。从国际角度看，中欧班列串起了欧亚交通运输干线，有效地拓展了国内市场与国外市场直接对接和精准耦合，打通了两个市场并充分利用两种资源，为沿线各国的企业和产业发展带来了新的动力，并呈现出强大的经济集聚和辐射效应，推动了丝绸之路沿线国家经贸发展，成为丝绸之路经济带发展的重要引擎；从国内角度看，中欧班列使我国中西部地区成为对外开放的前沿窗口，带动了我国内陆城市的外向型发展，激发了企业的创新积极性与研发热情，成为内陆城市经济发展的新增长点，开创了我国内陆地区贸易发展的新格局。

然而，中欧班列在发展过程中也暴露出一些问题、风险和挑战。中欧班列在历经迅猛发展后，出现了拥堵、爆仓、停运等现象，表明口岸站及后方通道运力不足，运输效率受制约明显；因为运费率高和缺乏回程货源导致政府运费补贴扭曲市场竞争机制；部分地方政府、城市盲目跟风开行，造成了不必要的资源浪费和无序竞争；班列的开行线路受国际政治局势和国内海运、空运规则变动的影响明显；现有的铁路运输相关国际规则，不支持铁路运输单据物权凭证功能。这一系列问题制约着中欧班列的发展，要实现中欧班列快捷高效的发展仍有很长的路要走。因此采取什么样的创新发展策略才能推动中欧班列的高质量发展，成为当前学术界亟须探讨的问题。

基于此，本书梳理了中欧班列发展的缘起、战略定位，在阐述中欧班列及5个主要内陆城市中欧班列发展概况的基础上，归纳了中欧班列的发展创新，并以渝新欧班列为例，研究班列对内陆城市经济的带动效应，剖析了班列发展中的制约因素，进而提出加快中欧班列高质量发展的有效措施和手段，以拉动内陆及“一带一路”沿线国家经济的发展。

为了上述内容的研究，本书章节做如下安排：基于创新理论、区域经济发展理论、增长极理论和乘数效应论，建立中欧班列高质量发展理论体系，研究在“一带一路”背景下，中欧班列创新发展的城市带动效应和高质量发展对策。首先，回顾中欧班列开通的前世今生，明确班列发展的政治要义和战略定位；其次，梳理中欧班列及五大重点城市班列发展的概况及创新，并以渝新欧班列为例，论证中欧班列对地区经济发展的带动机理和效应；再次，剖析中欧班列发展中存在的问题；最后，从建立班列耦合共生模式、完善枢纽设施、优化物流服务、创新地方政府补贴、破解班列提单物权属性等角度提出相应对策，以期推动班列快速发展，带动地区经济增长。

# 目　录

# 1

# 中欧班列的“前世今生”

## 1.1 古丝绸商道

### 1.1.1 古丝绸商道的开辟

2100多年前，中国汉代的张骞两次出使西域，为古丝绸商道的开辟奠定了基础。张骞第一次出使西域说服大月氏与汉朝一起夹攻匈奴，虽未达到目的，但他见到了许多新奇的东西，对西域的地理、物产、风俗习惯有了比较详细的了解，为日后汉朝开辟通往中亚的交通要道积累了宝贵的资料。

张骞第二次出使西域带了大量的丝绸，“物以稀为贵”，丝绸得到了西域商人的青睐，后又流通到波斯、罗马等地，立刻形成了巨大的市场需求，价格堪比黄金。因而不少商人不惜冒着生命危险，不畏艰险劳苦奔波在去往大汉的路上，贩运丝绸。于是，西汉与西北诸国开始了频繁的贸易往来，丝绸之路越走越宽广。从此，各国使者、商人沿着张骞开通的道路，贩运货物，络绎不绝。在这些贩运的货物中，以丝绸制品的影响最大，故得此名。

### 1.1.2 古丝绸商道的发展

史料表明，当年的这条“丝绸之路”，东起中国都城长安，经过陕西、宁夏、甘肃、青海和新疆5个省份，出境后，经中亚国家、阿富汗、伊朗、伊拉克、叙利亚等到达地中海，以罗马为终点，全长7000多千米。其中，中国段为4000千米。

随着贸易的加深，交易的商品种类逐渐增多，由最初的丝绸、瓷器发展到茶叶、香料、宝石、象牙、西亚地区的乳香、青木香、肉桂、花椒、蔷薇水、珍珠、玻璃器、青铜镜、毡帽、首饰、柏木床、中草药和陶瓷器等。

商道也不断延伸。经过几个世纪的不断努力，丝绸之路不断得到延伸。广义上的西段已到达法国、荷兰。通过海路还可以到达意大利、埃及，成为亚洲、欧洲和非洲各国经济文化交流的友谊之路。丝绸之路的东段已到达韩国、日本等国。

丝绸之路的基本走向是在两汉时期形成的，包括南道、中道、北道 3 条路线。

### 1.1.3 古丝绸商道的意义



在这条繁忙的商路上，驮着丝绸、瓷器等中国商品的驼队，从中国长安出发，通过河西走廊、新疆地区，经中亚地区、中东地区、东欧，最后到达西欧。由此，把古老的中国文化、印度文化、波斯文化、阿拉伯文化和古希腊、古罗马文化连接起来，极大地促进了东西方之间的经济和文化交流。古丝绸商道为促进不同民族、不同文化相互交流与合作做出了重要贡献。

史学家认为，张骞出使西域的意义在于成功地将东西方之间最后的“珠帘”掀开，开辟了中外交流的新纪元。将中原、西域与阿拉伯、波斯湾紧密联系在一起，成为古代东西方文明的交汇之路。古丝绸商道打开了中国同中亚各国友好交往的大门，开辟出一条横贯东西、连接亚欧的丝绸之路。

2014 年 6 月 22 日，在第 38 届世界遗产大会上，中国与哈萨克斯坦、吉尔吉斯斯坦联合申报的“丝绸之路：长安—天山廊道路网”项目通过，丝绸之路成功进入《世界遗产名录》，这是国际上首例跨国合作、成功申遗的项目。它标志着丝绸商道就像一条纽带，将沿途各国紧密联系在一起。

古丝绸商道的开通意义非凡。2015 年，英国牛津大学高级研究员彼得·弗兰科潘教授所著的《丝绸之路：一部全新的世界史》，将丝绸之路称为“两千年来始终主宰人类文明的世界十字路口”。它连接众多多文化国家，搭建了东西方之间的桥梁，将各民族、各地区联系在一起，形成文明的交汇点。

## 1.2 丝绸之路

### 1.2.1 “丝绸之路”得名

1877 年，李希霍芬在《中国》这本书中，把“从公元前 114 年至公元 127 年，中国与中亚、印度间以丝绸贸易为媒介的这条西域交通道路”，第一次命名为“丝绸之路”。随后被学术界认可，并为社会大众所接受并正式运用。

德国历史学家郝尔曼在 20 世纪初出版的《中国与叙利亚之间的古代丝绸之路》（1910）一书中，根据新发现的文物考古资料，进一步把丝绸之路延伸到地中海西岸和小亚细亚，确定了丝绸之路的基本内涵，即中国古代经过中亚通往南亚、西亚以及欧洲、北非的陆上贸易交往的通道。



### 1.2.2 丝绸之路焕发生机

古丝绸之路的发展几经盛衰。唐朝时期通过册封、赏赐、朝贡、设置羁縻州府，与中亚地区建立关系。明朝时期帖木儿帝国表面上向明朝纳贡，实为窥探形势，获取丰厚商业利益，毫无诚意，但沙哈鲁·巴都尔即位后，恢复了友好和平时代。元朝时代丝绸之路一度被阻塞，元末时恢复了商旅来往于途、使节络绎不绝的盛况。新中国成立前后的几十年中，苏联对边疆的严守驻防影响了丝绸之路的发展。

20 世纪 90 年代苏联解体，中国正处于改革开放时期，开始进入同中亚国家发展全方位关系时期，中国与中亚的外交关系由发展政治关系为主向政治、经济、人文等多方位合作转变，从双边合作到多边合作，从睦邻友好合作关系到战略伙伴关系。尤其是 2001 年上海合作组织成立后，这种合作关系日益增强。

2013 年，中国与中亚国家均已建立起战略伙伴关系，其中与哈萨克斯坦建立永久全面战略伙伴关系。同时，中国也逐渐成为中亚国家的主要贸易伙伴。随着中国同亚欧国家关系的快速发展，中亚这条古丝绸之路通道焕发出新的生机，为丝绸之路经济带的建设奠定了基础。

同年，习近平主席在哈萨克斯坦纳扎尔巴耶夫大学发表题为《弘扬人民友谊共创美好未来》的演讲[①]时，提出共建“丝绸之路经济带”的重大倡议，提出用创新的合作模式，以点带面，从线到片，逐步形成区域大合作，并提出五点重大倡议：

第一，加强政策沟通。各国就经济发展战略和对策进行交流，协商制定区域合作规划和措施。

第二，加强道路联通。打通从太平洋到波罗的海的运输大通道，逐步形成连接东亚、西亚、南亚的交通运输网络。



第三，加强贸易畅通。各方应该就推动贸易和投资便利化问题进行探讨并做出适当安排，提高区域经济循环速度和质量。

第四，加强货币流通。推动实现本币兑换和结算，增强抵御金融风险能力，提高本地区经济国际竞争力。

第五，加强民心相通。加强人民友好往来，增进相互了解和传统友谊，为开展区域合作奠定坚实民意基础和社会基础。

“丝绸之路经济带”倡议的提出，得到国际社会的高度关注和积极响应。丝绸之路经济带是在古丝绸之路概念基础上形成的一个新的经济发展区域，是一条连接中欧经贸、促进文化交流的纽带，东边牵着亚太经济圈，中经中亚国家，西边系着发达的欧洲经济圈，覆盖总人口近 30 亿人，是世界上最长、最具有发展潜力的经济大走廊，是

① 习近平．弘扬人民友谊共创美好未来. 2014－06－20. http://www.scio.gov.cn/ztk/wh/slxy/gcyl1/Document/1375636/1375636.htm.

中国联系世界的宽大纽带，又是贯通半个地球的脉络；既是实现中国梦的时代依托，又是激活全球经济要素的东方智慧。

## 1.3 亚欧大陆桥

贯通古丝绸商道的铁路干线是亚欧大陆桥。亚欧大陆桥跨越亚洲与欧洲，将太平洋和大西洋连为一体。两洲山水相连，占世界陆地的2/5，幅员辽阔，资源丰富，同属一个地理板块。这里不仅是全球陆地面积最大、人口最多的大陆，而且也是发展机遇最多、潜力最大的地区。

亚欧大陆桥途经亚洲、欧洲 7 个国家，是由这些国家既有铁路联结而成的。亚欧大陆桥是用铁路运输协议和轨道铸就的一条运输走廊，造就了一个关联着亚欧各国铁路联运的庞大网络。

现存的亚欧大陆桥有两座，分别是第一亚欧大陆桥和新亚欧大陆桥。



### 1.3.1 第一亚欧大陆桥

第一亚欧大陆桥，也称为西伯利亚大陆桥，是以俄罗斯东部的哈巴罗夫斯克（伯力）和符拉迪沃斯托克市（海参崴）为起点，由哈尔滨、齐齐哈尔、海拉尔直至满洲里从中国出境，经西伯利亚大铁路通向欧洲各国，最后到达荷兰鹿特丹港的铁路通道。整个大陆桥全长 13000 千米左右，贯通亚洲北部，共经过俄罗斯、中国（支线段）、哈萨克斯坦、白俄罗斯、波兰、德国、荷兰 7 个国家。

西伯利亚大陆桥全年货运量高达 10 万标准箱，最多时达 15 万标准箱。使用这条陆桥运输线的经营者主要是日本、中国和欧洲各国的货运代理公司。其中，日本出口欧洲杂货的 1/3、欧洲出口亚洲杂货的 1/5 是经这条大陆桥运输的。由此可见，西伯利亚大陆桥在沟通亚欧大陆、促进亚欧地区间国际贸易中处于重要地位。

### 1.3.2 新亚欧大陆桥

1990年9月12日，经过中苏双方的共同努力，中国北疆铁路的阿拉山口站和苏联土西铁路的德鲁日巴站胜利并轨，打通了贯穿东西、联通亚欧的铁路运输大通道，举世瞩目的新亚欧大陆桥全线贯通。为了与西伯利亚大陆桥相区别，学者将其称为新亚欧大陆桥，也称第二亚欧大陆桥。1992年12月1日，“东方1080”首列国际集装箱专列从连云港发出，经阿拉山口出境，途经阿拉木图、莫斯科，最后抵达圣彼得堡，标志着新亚欧大陆桥正式开通运营。

新亚欧大陆桥是一条沿当年亚欧商贸往来通道建成的“丝绸之路”。以中国连云港为起点，向西经陇海铁路、兰新铁路、北疆铁路，到达边境阿拉山口进入哈萨克斯坦，经俄罗斯、白俄罗斯、波兰、德国等，到达荷兰鹿特丹港。全长约10800千米，通向东亚、中亚、西亚、东欧和西欧40多个国家和地区，沿线覆盖总面积达5000万平方千米，占世界陆地面积的26.6%，人口超过22亿人。



新亚欧大陆桥的国内通道，由陇海铁路、兰新铁路和北疆铁路连接而成。全长4131千米，贯穿中国东中西部的江苏、安徽、河南、陕西、甘肃、青海、新疆7个省（区），还涉及湖北、四川、内蒙古等地区。整个辐射地区人口约4亿人，约占中国人口总数的30%；覆盖面积达360万平方千米，约占中国国土总面积的37%。

经过不断发展，新亚欧大陆桥的国外段形成了北、中、南3条线路。北线：由哈萨克斯坦阿克套北上与西伯利亚大铁路接轨，经俄罗斯、白俄罗斯、波兰通往西欧及北欧诸国。中线：由哈萨克斯坦经俄罗斯、乌克兰、斯洛伐克、匈牙利、奥地利、瑞士、德国、法国至英吉利海峡港口转海运或由哈萨克斯坦阿克套南下，沿吉尔吉斯斯坦边境经乌兹别克斯坦塔什干及土库曼斯坦阿什哈巴德西行至克拉斯诺沃茨克，过里海达阿塞拜疆的巴库，再经格鲁吉亚第比利斯及波季港，越黑海至保加利亚的瓦尔纳，并经鲁塞进入罗马尼亚、匈牙利通往中欧诸国。南线：由土库曼斯坦阿什哈巴德向南入伊朗，至马什哈德折向西，经德黑兰、大不里士入土耳其，过博斯普鲁斯海峡，经保加利亚通往中欧、西欧及南欧诸国。同时，还可经过土耳其埃斯基谢希尔南下中东及北非。

## 1.4 “钢铁驼队”

为了复兴丝绸之路，在亚欧国家之间建立更为通畅的交通联系，以广泛合作促进地区的长期稳定与繁荣，铁路运输登上了历史舞台。铁路连接了中国与前苏联之间的阿拉山口岸，贯通了新亚欧大陆桥，使之成为中国、中亚、欧洲国家互联互通的钢铁大道。

然而传统国际集装箱班列零散而无规模。传统的班列有 1992 年 12 月 1 日从连云港开出的“东方 1080”首列国际集装箱专列和 2008 年开行的营满欧班列，但开始只是零散发运国际集装箱，并不成规模，而丝绸之路经济带的繁荣与发展，需要有沟通沿线地区的有规律的运输，因此在亚欧大陆桥的基础上打造“钢铁驼队”成为时代的召唤。



在时代的召唤下，2011 年 3 月 19 日，在国家、地区政策和企业服务中欧贸易现实需求的叠加效应下，重庆率先开行了直达欧洲地区的班列；随后由中铁集装箱公司、中铁国际多式联运有限公司联合开行连云港至阿拉木图国际集装箱直达班列，将货运代理物流服务自国内班列延伸至国际直达班列全程。中欧班列的成功开行，成为全球化时代下供应链变革的标志性成果，被称为“一带一路”上的“钢铁驼队”。

2013 年，习近平总书记提出“一带一路”倡议后，全国各地的中欧班列开始快速发展。在当地政府的支持和推动下，相继组织推出重庆—杜伊斯堡、西安—莫斯科、郑州—汉堡、武汉—布达佩斯等多条中欧班列，以顺应现代物流发展的需要，推出更多更好的国际运输专列，服务于亚欧国际市场的运输需求。

截至 2020 年年底，国内累计开行中欧班列超过 100 列的城市增长至29个，专业运行线路达73条，通达欧洲21个国家和地区、92个城市，大多数班列平台企业基本实现了由单一线路向“1+N”服务网络的转变。

中欧班列往返于新丝绸之路上，传承和延续着古丝绸之路的桥梁、纽带作用，作为性价比最高的绿色运输方式，为沿线国家和地区铺就出一条布满商机、繁荣昌盛的国际大通道。由此催生出了新的物流、工业、商业中心，运输需求呈现出爆发式增长态势。在推动沿线国家经济发展、提升地区影响力的同时，也促进了中国与沿线国家的经济、政治、文化的交流与合作，带来一连串的良性循环连锁效应，彰显出强大的生命力。



自2011年中欧班列开通以来，丝绸之路沿线国家陆续走上打造铁路运输的道路。2016年10月，非洲有史以来首条电气化铁路贯通埃塞俄比亚和吉布提。中国公司把资源丰富的古老非洲直接带到了交通现代化的最前沿。2017年5月31日，由中国企业承建的肯尼亚蒙巴萨至内罗毕标轨铁路（蒙内铁路）正式通车，再次为东非经济和社会发展铺就一条大动脉。中国公司在规定工期内，按照一流设计和施工标准，为该国南部平均时速只有40千米的铁路网，树起一座先进技术和时速120千米标准的丰碑。

“一带一路”倡议，让亚欧国家迎来了整体振兴的新契机。中国各地方政府大力推进中欧国际班列运输，努力改变传统的对外贸易运输体系，不断强化和提升新欧亚大陆桥运输能力，推动中国以海运为主的国际贸易运输向海陆运输并重的格局进行转变。丝绸之路作为国际社会的重大交往平台，多民族、多种族、多宗教、多文化在此交汇融合。各个国家在长期交往与融合过程中，形成了“团结互信、平等互利、包容互鉴、合作共赢，不同种族、不同信仰、不同文化背景的国家完全可以共享和平，共同发展”的丝路精神。

中欧班列串起了欧亚交通运输干线，呈现出强大的经济集聚和辐射效应。它不仅给各国民众带来便利和实惠，也为沿线各国的企业和产业发展带来新的动力。它带动了中国内陆城市的外向型发展，也在不同程度上激活了沿线国家部分衰退的货运线路；它既是一条物流干线，更是丝绸之路经济带发展的重要引擎。通过丝绸之路经济带携手泛亚大融合，助推亚欧经济大繁荣。

# 2

# 中欧班列发展的战略定位和国内外研究现状

## 2.1 中欧班列发展的政治要义

### 2.1.1 维护国家货物运输安全战略

中欧班列的开行直观上讲是便利中欧货物运输，但从战略角度讲是重塑全球供应链，保障我国货物运输的安全。经济学家宋清辉说："中欧班列已经成为丝绸之路经济带发展战略的重要组成部分，上升到国家战略的高度。"

长期以来，中欧贸易货物运输依赖于海洋运输，而其中最重要的海运节点有两个，分别是苏伊士运河和马六甲海峡。

沿途海盗和战争带来了运输安全问题。中欧大部分贸易物资是通过"马六甲海峡—印度洋—红海—苏伊士运河—大西洋"这一海上线路往返运输，该航线安全性较低。一方面，航线沿途海域海盗时常出没，如索马里海盗、马六甲海峡海盗等，对货运造成严重影响。另一方面，该航线途经区域地理位置特殊，地区军事紧张，如中东地区、北非地区战争不断，不仅会降低货物运输的安全性，还会影响通行速度，造成排队通过等问题的严重化。这一咽喉要道一旦突发险情，必将给我国的能源安全及经贸往来带来极大风险和隐患。

在此局面下，中欧班列的开行，可通过新亚欧大陆桥直接与中亚、欧洲互联互通，是中欧贸易海上运输的备份，可缓解海路运输的困局，畅通我国的对外贸易运输，以防海路被切断，保障我国物资运送的安全。中欧班列将成为物资运送的保障，亦是我国战略安全的保障。中欧班列枢纽的城市，也将成为我国保证货物运输战略安全的大后方。

### 2.1.2 破解国际货物运输巨头的货运控制权问题

世界贸易中，90%以上的货运量是通过海运完成的，而中国的海运起步晚，货运公司实力不强，在国际海洋运输中的话语权不高。国际货运市场基本上仍是由发达国家掌握和控制。2020年的国际货运数据显示，班轮运输货运量占市场份额的83.9%，而全球前十大班轮公司中国内地仅占一家，见表2-1。能真正实现全球化的中国物流、货代企业仍然较少，在货物运价、航线选择、港口停靠等方面受制于国外巨头，自主决定权较低。

**表2-1 2020年全球十大班轮公司集装箱运力情况**

| 排名 | 班轮公司 | 数量/艘 | 运力/TEU |
|---|---|---|---|
| 1 | 马士基 | 711 | 413.69 |
| 2 | 地中海航运 | 579 | 385.59 |
| 3 | 中远海运集运 | 504 | 303.03 |
| 4 | 达飞轮船 | 570 | 300.70 |
| 5 | 赫罗伯特 | 239 | 172.89 |
| 6 | ONEY | 220 | 159.64 |
| 7 | 长荣海运 | 195 | 127.84 |
| 8 | HMM | 72 | 71.90 |
| 9 | 阳明海运 | 89 | 61.58 |
| 10 | 以星航运 | 82 | 36.02 |

资料来源：前瞻经济学人网站。

在此背景下，对于世界第一大贸易国的中国来说，势必要求中国的国际物流、供应链等相关行业企业走出国门，建立全球运输网络，支撑中国外贸的发展。中欧班列是顺应这一时代的要求，由中国主导的、围绕中欧贸易而产生的一种国际运输方式。中欧班列和与之协同发展的中国供应链物流企业在自身成长和发展的同时，也在破解传统国际货运方式下，外国跨国运输巨头对我国货物运输的控制问题。

实践中发现，中欧班列确实逐步起着越来越重要的作用。鹿特丹伊拉斯姆斯大学经济学家 Bart Kuipers 通过计算得出，从中国到鹿特丹的海运货物中，虽然只有 2% 的货物转移到了中欧班列运输，但这 2% 的货品价值是中国—鹿特丹所有海运货品价值的 24%，将近 1/4。往来的产品大多是汽车业半成品、高科技零部件、精密仪器等。国家发展改革委也指出，中欧贸易总量中只有不到 1% 的货物量通过中欧班列运输完成，但货值达到中欧贸易额的 30% 之多。2020 年前 7 个月，中国首次成为欧盟第一大贸易伙伴。中欧班列正在悄然改变着世界的经贸格局。

## 2.2 丝路经济发展的桥梁



中欧班列一方面担当着中国与欧洲交流桥梁的角色，另一方面使中国与欧洲通力合作、互利共赢，将亚太经济圈和欧洲经济圈紧密联系在一起，打造出经济大走廊、文明大通道，承担着“人类命运共同体”的伟大使命。

### 2.2.1 促进沿线国家互联互通

中欧班列是“丝绸之路经济带”倡议的重要组成部分，搭建起沿线文化交融的大平台，不仅连接着亚欧两个大陆，而且联系着整个世界，发挥观念更新、商贸交流、文化传播、友谊传递的作用，服务于亚欧经济和亚欧人民，有利于沿线国家的互联互通建设。

中欧班列以其绿色环保、受自然环境影响小的优势，使物流组织机构日趋成熟，国家间铁路、口岸、海关等部门的合作日趋密切，实现了中欧间的道路联通、物流畅通，促进了沿途国家经贸交往的日趋活跃，将丝绸之路从原先的“商贸路”变成产业和人口集聚的“经济带”，推动了亚欧各国实现交通、贸易、投资、金融、文化的互联互通。

### 2.2.2 促进沿线国家经贸关系密切发展

中欧班列将欧亚大陆两端，即发达的欧洲经济圈和活跃的东亚经济圈更加紧密地联系起来，并且带动欧亚大陆广大腹地区域的发展，进而辐射到亚洲、欧洲、非洲，促进形成统一的欧亚大市场。中欧班列是亚欧大陆货物运输的新渠道，推动了“一带一路”沿线国家跨境运输组织和协议合作的发展，是沿线国家经贸交流和畅通国际货运的通道，是我国与沿线国际经济往来的纽带，是经贸合作发展的重要抓手，能产生创造贸易和替代贸易效应，联通了我国与中亚、南亚、欧洲各国，推动多个国家之间的双边贸易逐年增长，有助于推动中欧经济发展。

1. 沿线贸易发展迅速

中欧贸易额总体呈现上涨趋势，从表2-2中可以看出，自中欧班列开行以来，中欧贸易在我国国际贸易额中的占比逐年上升，由2012年的17.66%上升到2019年的19.15%。2020年，中欧贸易总额达到9082亿美元，在我国国际贸易额中的占比达到19.51%，同时我国已经超越了美国，成为欧盟最大的贸易伙伴。中欧出口贸易额和进口贸易额也逐年呈上涨趋势，出口额增速更快，逐年贸易逆差有扩大趋势。



**表2-2　2012—2019年中欧贸易额及占比情况**

| 年份 | 中国贸易额/亿美元 | 中欧贸易额/亿美元 | 占比/% | 出口/亿美元 | 进口/亿美元 |
|---|---|---|---|---|---|
| 2012 | 38671.2 | 6831 | 17.66 | 3964 | 2867 |
| 2013 | 41589.9 | 7299 | 17.55 | 4057 | 3242 |
| 2014 | 43015.3 | 7750 | 18.02 | 4388 | 3361 |
| 2015 | 39530.3 | 6963 | 17.61 | 4032 | 2931 |
| 2016 | 36855.6 | 6778 | 18.39 | 3899 | 2878 |
| 2017 | 41071.4 | 7561 | 18.41 | 4290 | 3271 |
| 2018 | 46224.2 | 8540 | 18.48 | 4746 | 3794 |
| 2019 | 45778.9 | 8768 | 19.15 | 4997 | 3771 |
| 2020 | 46559.1 | 9082 | 19.51 | 5357 | 3726 |

资料来源：《中国统计年鉴》。

我国同丝绸之路沿线其他国家的贸易也在稳步增加。我国同“一带一路”沿线国家的贸易额逐年呈增长趋势，即使在新冠疫情导致全球贸易瘫痪的状态下，贸易额也出现了逆势上涨。2020 年我国对“一带一路”沿线国家进出口总额为 93696 亿元，比上年增长 1.0%。其中，出口为 54263 亿元，比上年增长 3.2%；进口为 39433 亿元，比上年下降 1.8%，见图 2－1。国内中欧班列累计开行超过 100 列的城市增加到了 30 个，通向了欧洲 21 个国家和地区、106 个城市，覆盖了大部分的中东欧国家，所到之处均不同程度地带动了双边贸易的发展。

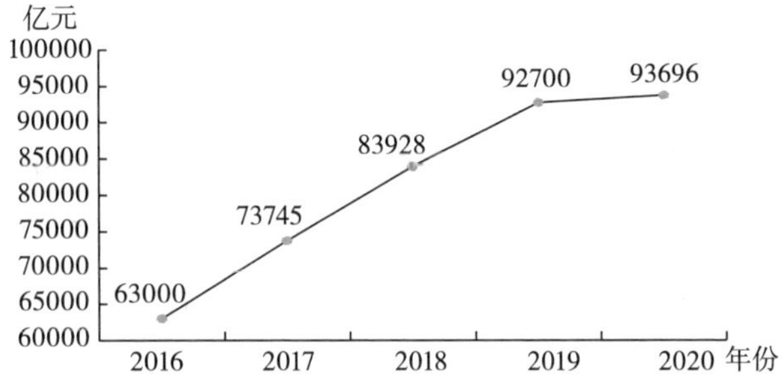


**图 2－1　2016—2020 年中国与“一带一路”沿线国家贸易额**

资料来源：《中国统计年鉴》。

2. 沿线投资聚集效应明显

中欧班列的开行，带动了沿线投资的发展。在中欧班列的带动下，德国的杜伊斯堡逐步成为中国企业投资最集中的地区，有超过 800 家中国企业在这里落户。中国的投资主要集中在重工业、机械设备制造业、通信业等领域，如早期的太钢、武钢以及华为都在杜塞尔多夫建立了各自的欧洲运行中心。

亚欧国家对华投资额呈递增趋势。从图 2－2 中可以看出，亚洲对华投资逐年增长，增速达到 4.3%，2019 年达到北美洲对华投资额的 22 倍之多。同样，欧洲对外直接投资额也逐年增长，增速达到 3.6%，2019 年是北美洲对华投资额的 2.37 倍。相反，北美洲对华投资额变动不大，呈略微下降状态，下降率达 1.64%，见图 2－2。

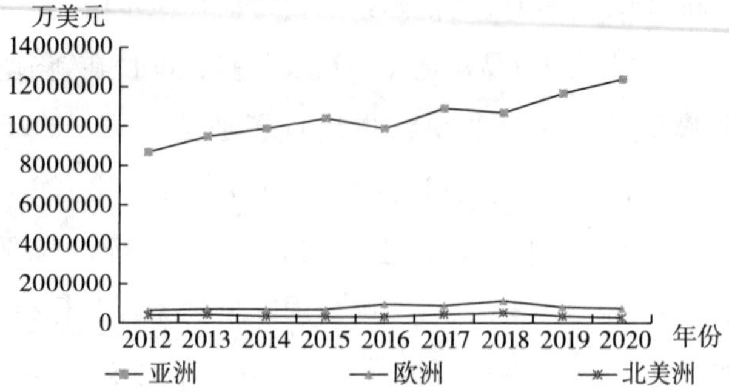


**图 2－2　2012—2019 年外商对华直接投资情况**

数据来源：《中国统计年鉴》。

## 2.3　中欧班列是中国经济发展的新引擎

中欧班列不只是单一的贸易通道，还承担着包括吸纳全球资金、资源、技术、人才、文化等要素在内的更多使命，引领着全球相关产业的开发、衔接与扩展，因此中欧班列将会是中国经济发展的新引擎。



### 2.3.1　中欧班列为中国开辟了新市场

中欧班列的开行，畅通了中国与中亚、南亚、欧洲等国的经贸，加上中国制造的物美价廉的商品在国际上获得了一定的口碑，不少欧洲及亚洲国家开始希望搭上中国经济的高速列车，寻求与我国在经济上的合作。

由于在人口密度、消费习惯、贸易金额、产品附加值、贸易规则成熟度、金融发达程度等多个方面的优势，我国已经是“一带一路”沿线很多国家的最大贸易伙伴、最大出口市场和主要投资来源地。与部分国家在某些商品的贸易方面不断实现零的突破，在中美关系摩擦加剧的当下，无疑为我国贸易的发展开辟了新的市场。中欧班列在中欧经济合作中发挥“动脉”作用，并持续为经济发展“泵出”新动力。

### 2.3.2 中欧班列是中国内陆枢纽城市发展经济的基础

中欧班列开通以前，内陆城市的经济发展主要依靠的是内需推动，占比较小的外贸因流通环节多、运输成本高，而不具竞争优势，中欧班列的开通弥补了内陆运输的这些不足，能有效促进内陆枢纽城市经济的发展。

1. 中欧班列的开行推动“内陆城市沿海化”

中欧班列的开行助力内陆城市升级为国际陆港。围绕国际陆港，各地政府规划建设保税物流中心、综合保税区、物流园区、自贸区等功能区，引进各类物流公司，逐渐形成以陆港和中欧班列为核心的物流集群，为进出口货物提供各种国际物流服务。内陆城市具备了内陆前移和物流综合节点两大属性，有效地带动了自身的发展。国际陆港如郑州、成都、西安，几乎具备了作为国际港口的完整功能，使内陆城市在国际物流上与沿海城市具有相似的条件，并逐步融入全球供应链，形成与沿海港口的联动发展，其地位已与国际海港同等重要。



2. 中欧班列的开行可有效降低内陆中心城市货物运输成本并缩短运输时间

首先，中欧班列运输距离明显短于到达欧洲主要城市的海洋运输距离，运输速度高于海运，且全部采用标准集装箱运输，实现了各国间海关检查检疫的协作机制，一票到底、中途免检，运输时间比海运节省一半以上，明显节省了运行的成本和时间。其次，中欧班列的运输服务有助于跨国企业降低流通环节总库存，提高全球汽车、电子产品供应链及跨境电商的市场响应速度，高频次的班列发行速度，有助于压缩库存投资，减少仓储费用。总之，中欧班列的运距短、速度快、安全性高的特征和安全快捷、绿色环保、受自然环境影响小的优势，已经使其成为国际物流中陆路运输的骨干方式，有助于内陆省份货物的进出口。结果表明，中欧班列为“两头在外”的企业创造了明显的经济效益。

3. 中欧班列的开行能有效提升内陆枢纽城市的产业聚集度

由于中欧班列的开行，在国际陆港和各功能区的助力下，越来越多的贸易导向型产业向内陆转移，如跨境电商的物流基地向郑州等自贸区内聚集；武汉木材专列的开行，加速了当地木材产业的聚集，义乌高铁站北侧的“捷克小镇”增进了义乌与捷克的产业聚集。华南城市研究会副会长曾指出，由于铁路运输的速度更快，原来在沿海地区的高附加值产业开始向离路桥通道更近的内陆城市转移，重庆、武汉、郑州、西安、兰州等内陆城市趁机崛起，至于新疆、甘肃、陕西等省份则有望重返大唐时代“河西走廊”的辉煌，重新成为中国对外贸易的前沿阵地。

4. 中欧班列的开行能有力地促进内陆经济的发展

首先，内陆外贸发展明显。从近几年的数据来看，渝新欧班列开通的第二年，重庆的出口总额就达到了532亿美元，同比猛增82.2%；中西部大城市的FDI和外贸占比提高了50%左右。在产业吸引力上，部分西部的引领地区正在拉近与东部沿海的“引力差距”，成都、重庆等地的信息产业在与欧洲和中亚之间的综合运输成本方面与中国沿海地区相比已经不再处于劣势，地方经济快速发展。其次，中欧班列产生的间接效益远远大于地方政府所支出的补贴金额。例如，2014年蓉新欧共输出3亿美元价值的“成都造”产品和2亿美元的外省输欧产品，地方政府对蓉新欧的财政补贴总额为300多万美元，仅占总货值的1%。



### 2.3.3 中欧班列促进双循环畅通发展

经过新疆的亚欧大陆之间曾有过国际列车，但列车时间不固定，途中多次编组缺乏一定的时效性，所以使用的运输协议也不一致，不能满足货主的国际货物运输需求，严重影响货物的国际循环。而中欧班列则具有直通、定班、定时的班列化运行特征，并且还实现了各国间海关检查的协作，在很大程度上节省了运行的成本和时间，正在逐步成为亚欧大陆之间的主要运输方式。

“一带一路”依托中欧班列，加速沿线国家之间市场的开发。中欧班列不仅是一条物流通道，更是一条贸易大通道，加深了沿线国家之间的沟通与合作，推动中欧一批贸易、物流、加工、文化、旅游项目在双边落地。它激发了沿线国家经贸交往的活力，有力地推进了沿线国家之间铁路、口岸、海关等部门合作关系的日益密切，以运促贸效果明显。中欧班列促进沿途国家经贸交往日趋活跃，我国中西部地区与中亚、西亚、中东欧、西欧的经贸联系进一步加强，在拉动货物进出口的同时也将带动双向投资和人员往来，正在将丝绸之路从原先的“商贸路”变成产业和人口集聚的“经济带”。

2020 年新冠疫情期间，中欧班列为沿线疫情严重的国家运输各种疫情必需品，为加快全球经济复苏做出了重要贡献，助力“双循环发展”理念。同时，中欧班列不断与海运、空运对接，形成国际陆海贸易新通道，影响了全球格局，形成国内国际双循环新格局。



## 2.4 中欧班列的国内外研究现状

### 2.4.1 对内陆港发展的相关研究

国内外学者对于内陆运输的研究较多，主要集中在内陆港的作用、港口物流等方面。Adolfk 等（2017）通过实例研究表明内陆无水港对一个国家的重要性，主要以巴西为例，论述了内陆无水港对巴西政治经济的巨大推动作用。Islam（2017）在港口集卡作业过程中发现大量的卡车空车行驶，空箱作业比例大，随即做了深入的分析并提出改造港口集卡的装载能力。在物流网络设计方面，Ishfaq 等（2012）对中欧班列目前口岸的拥堵问题也提出了很好的建议。刘威（2017）认为国际内陆港作为新业态，缺少贸易平台、缺乏国际运输操作机制的支撑、路线规划设计科学性不足，而开行中欧班列是解决国际内陆港货源不足的重要手段之一。

### 2.4.2 对中欧班列开通意义的研究

国外学者认为，中欧班列的开行有效地将中国与欧洲、中国与中亚、中国与东南亚市场联系起来，为中国开辟了贸易新道路，在战略上有效规避了海上贸易封锁可能带来的风险，其意义重大。Jesus 等（2012）认为中欧班列的开行，沟通了中国与中亚国家的贸易市场，能有效促进中亚贸易的便利化。Liu（2016）阐述了中欧班列诞生的背景条件，进而分析了中欧班列建设发展规划的主要内容，指出中欧班列发展意义重大。Wang（2017）指出中欧班列的发展，有助于强化新亚欧大陆桥的运输作用，推动我国国际贸易运输体系由单一海运向海陆联运转变。Li（2018）关注中欧班列对中国与欧洲贸易伙伴的贸易的影响，研究了与中国有铁路连接的国家的贸易模式，研究发现洲际铁路对中国和欧洲贸易伙伴的出口有积极影响，特别是对制成品、机械和运输设备以及其他制成品的出口。



国内学者认为中欧班列开通意义主要表现在两个方面：

一方面，在全球竞争格局下，中欧班列的发展为中国带来了新的发展机遇。徐习军（2015）认为“一带一路”倡议旨在建立一个跨洲的合作贸易区，建立一个连接东亚、中亚和欧洲的新经济秩序，实现区域经济一体化，构建中国发展新的空间格局。丁丽媛（2018）在分析了中美贸易摩擦后，指明了中欧班列迅猛发展的时代背景，中美贸易摩擦的加剧推动了中欧班列的发展，是中国寻求新发展机遇的伟大创举。王宏智、孙金俊（2019）通过论述“一带一路”倡议下中欧班列国际物流运输平台的构建，表明了以中国为主导的新的国际贸易增长方向，国际物流运输平台的创新推动了中国对外贸易的发展。

另一方面，中欧班列的开行改变了内陆地区贸易发展的格局，能有效推动区域经济发展。贺博雅（2018）提出以“国际货源”为焦点，从基础设施、地理位置、发展目标等因素出发，研究地域国际物流发展方向、战略布局、战略规划对国际陆港发展的带动作用。汪小梅等（2017）认为只有创新中欧班列运输模式，才能推进西安市经济发展。赵思凡（2019）提出，中欧班列“长安号”的发展应该聚焦在机制体制改革、市场带动方面，才能成为引领西安经济发展的动力和引擎。

### 2.4.3 对中欧班列发展现状的研究

大多数学者的研究集中在中欧班列发展现状。杨明强（2015）认为中欧班列面临去程货源不足、回程空车等问题，指出应整合资源，提高班列的利用率。景阳诺（2018）认为中欧班列运输成本高，且存在政府资源浪费情况，指出中欧班列未来应向集约化、科学化方向发展。高柏（2017）、王艳波（2017）等通过比较分析各个班列的发展情况和优缺点，提出优胜劣汰的发展规划建议。吕宏芳等（2019）、李魁梅等（2019）、马斌（2018）等学者认为，中欧班列发展存在货源、线路设施、市场化模式等多方面问题，相应地从强化协调机制、优化线路布局、服务地区合作等方面提出了促进中欧班列高质量发展的系列措施。张文等（2019）按照中欧班列质量第一、效率优先的高质量发展理念，建立了包含规模范围、速度时效、运输效能、经贸贡献、货运安全5个板块的二层级指标体系，为中欧班列高质量运营管理提供了支撑。胡从旭（2019）针对中欧班列运行中出现的边境口岸通行能力不足、“一带一路”沿线国家的铁路运输规则不一致和中欧班列国内竞争无序等问题，提出做好基础设施建设、统一标准工作和国家层面组织货运、动态调整补贴等对策。

部分学者从定量的角度研究集装箱空箱的调拨问题。Braekers 等（2013）提出了集装箱空箱在全球范围下的定位系统问题，以及在多式联运模式下，集装箱调拨的最优航线和运输工具选择问题。Venus Y H 等（2013）在集装箱航运服务业的需求链管理上，给出了重要的指导思想，提出了集装箱流转的最优路径。也有学者研究了班列发展的物流路径问题。Qin（2018）认为中欧班列是“一带一路”倡议的重要运输载体，根据经济发展、铁路设施、技术标准、地缘政治等因素，研究规划了4种不同的铁路物流路径方案，为规划长远发展举措提供参考。闫伟等（2019）针对中欧班列去程运输组织优化问题进行研究，根据现有的直达和集结开行两种运输组织模式，构建中欧班列去程运输组织优化模型。

### 2.4.4 中欧班列补贴相关研究

中欧班列开行以来，政府补贴居高不下，虽然推动了城市中欧班列的发展，但加重了地方支付的负担，且扭曲了中欧班列市场发展的秩序。不少学者围绕班列补贴进行了详细的研究，许英明（2015）认为新时期下需要进一步加强与“一带一路”沿线国家全方位多层次的沟通和推介宣传，从国家层面加快建立中欧班列的协调机制，从地方层面提升中欧班列的综合效应并逐步建立财政补贴退坡机制。刘康（2020）在国际集装箱班列市场竞争力研究中根据目前中欧班列的全国整体运行情况，提出了中欧班列合理的开行方案，并指出市场化开行是未来的趋势。

总之，建立补贴逐步退坡机制是当前学者的共识，通常认为在不同的阶段应实施不同的补贴力度，当市场平稳运行后，通过替代策略，推出政府补贴。

### 2.4.5 研究总结

综上所述，对于中欧班列的研究主要集中在以下几个方面：

其一，内陆港的发展，通过打造国际物流枢纽节点，有效地助推中欧班列的发展；其二，中欧班列开行意义重大，不仅有效沟通中欧、中亚等区域经济，促进区域经贸发展，而且能带动中国经济增长，拉动内陆城市迅速发展；其三，针对中欧班列如何解决货源、高运输成本、拥堵、竞争等问题进行研究，并从区位条件、基础设施条件、产业发展、区域经济发展、相关政策落实等方面给出了有效的解决办法；其四，针对中欧班列补贴问题，学者从定性和定量的角度给出了相应的退坡策略。

3

# 中欧班列发展概况

## 3.1 中欧班列发展起因和概念

### 3.1.1 发展起因

中欧班列的开行最初是基于内陆企业运输成本降低发展的需要，随后成为各内陆城市占领对外开放高地，发展地区经济追求的目标。具体表现在以下两个方面：

1. 企业发展的需要

2008年以美国为中心爆发的次贷危机，对以出口为主的外向型企业市场影响严重，迫使我国沿海企业将外销带动逐渐转向内部消费带动；另外，由于沿海地区能源和电力供应紧张、要素成本不断上涨，以及环保标准提高和产业升级加快，导致原料、人工及土地资源成本明显高于内地，企业沿海的人力资源红利逐渐消失，本地扩张成本压力逐渐增大，在中部崛起战略和西部大开发战略的影响下，很多沿海企业逐渐有向我国中西部转移之势。

从产业升级的角度看，刘鹋等（2014）基于雁形模式理论，提出沿海企业要想实现企业转型升级，须从全球价值链（GVC）的低端解放出来，转向国内价值链（NVC）。沿海企业可以将现有的加工生产模块转移到不发达的中西部地区，自身占据价值链的上游，获取微笑曲线的顶端利益，与西部地区达到双赢的局面。由此可见，高端劳动密集型企业向内陆城市转移是时代发展的趋势。

现实中沿海企业向内陆转移迹象明显。以富士康为例。在2006年越南加入WTO后3个月，总裁郭台铭会见越南国家主席，计划投资10亿美元，准备把深圳工厂搬到工人工资只有深圳1/3的越南，然而2008年金融危机爆发，越南工厂计划停罢。富士康开启了“西进”运动，2009年入驻郑州，2010年入驻重庆。同时许多外资企业，如三星、西门子、美光等也有明显的西进现象。

然而阻挡企业西进脚步的原因是内陆运输成本的增加。内陆城市商品出口需要先运输到沿海口岸再走海运，延长了运输路程，增加了运输时间和成本，因此寻找新的战略通道是企业内迁发展的条件和需要，中欧班列的开行很好地解决了这一问题。

2. 区域经济发展的需要

内陆城市在不具备沿海区位优势条件下，需要寻找经济增长点，进而努力推动区域经济转型升级。根据产业生命周期理论和边际产业扩张理论，经济学家提出了承接东部沿海地区即将进入衰退期、不具有竞争优势的边际产业，从而逐步促进中西部地区经济的发展。在此背景下，区域政府试图引进产业技术较高但以劳动密集型为主的加工贸易型企业。



然而朱涛（2013）的研究发现，2001—2010年产业转移效应不明显，中西部地区虽有廉价的劳动力、土地、自然资源等生产要素的低成本优势，但物流运输成本高昂、运输时间长、配套能力不足等问题严重。例如，重庆市政府引进普惠笔记本后，发现货物先运到广东、上海等港口，再经海运运到欧洲，需要绕行2万千米，耗时60多天，一个标准集装箱从重庆到上海，公路运输费用要2万元，铁路运输要6000元，长江水运需约3000元，不具备任何优势。因此黄涛等（2015）认为物流在承接产业转移中发挥越来越重要的作用，成为衡量区域发展水平和综合实力的重要标志之一。

为了解决运输成本高、时间长的弊端，地方政府开始创新运输通道。2010年，时任重庆市市长的黄奇帆提出如果货物经陇海铁路、兰新铁路、北疆铁路由阿拉山口出境后，再经过哈萨克斯坦、俄罗斯、波兰到德国，运行起来将会带来极大的便利。随后重庆组织沿线六国召开会议，决定尝试打通此线路。在重庆市政府的努力下该条线路于2011年3月开通，这也是第一条中欧班列，运程比海运缩短9000千米，节省了时间，提高了资金周转率，中欧班列的开通将内陆腹地的劣势地理区位变为全面开放的优势经济区位。其他开通中欧班列的内陆省份同样大大缩短了通往欧洲、中亚的运输路程，节省了相应的运输时间。

实践证明，中欧班列的开行有利于内陆城市区域经济的发展。中欧班列开通首年，重庆实际利用外资突破100亿美元，同比增长58%；新增海外投资项目50亿美元；进出口总额接近300亿美元，翻了一番多；重庆港成为内陆首个中欧安全智能贸易试点口岸，外地货物经由重庆转口的货运量占比达到32%，国际航空货运量翻了三番多；加工贸易离岸结算平台基本形成，结算额达到2011亿元，税收收入达45亿元。经过近10年的发展，重庆正以更大的气魄和力度广泛聚集国内外资源，辐射功能不断增强，大开放、大产业、大枢纽、大商务功能逐渐形成，目前已成为内陆最具活力的开发开放区。



从其他开行中欧班列的内陆城市经济发展来看，其完全验证了中欧班列开行能促进经济区域经济发展的论断。自2016年中欧班列统一品牌后，郑新欧年均增长率达45.5%，郑欧进口商店已经在全国开了100多家，进口商品达630种，年销售额达10亿余元，形成“以运带贸、以贸促运”的产业互补良性发展格局。河南与“一带一路”沿线的白俄罗斯、德国、比利时等17个国家建立进口商品贸易合作关系，开展郑欧进口商品巡展活动492场，河南开行东方红拖拉机、信阳茶叶、南阳香菇、商丘棉花等定制合作班列，推动省内特色农贸产品走出国门，有效地助力了国内消费升级。2020年，河南进出口总值达6654.8亿元，同比增长16.4%，高于全国增速（14.5%）。

同样，在蓉新欧班列的带动下，2020年四川对“一带一路”沿线国家和地区进出口额达2454.9亿元，同比增长24%。中欧班列开行的内陆城市，外贸发展均取得明显的进步，海关总署公布的2019年中国外贸百强城市榜单中，重庆排在第九位，首次进入中国前十位，四川、西安、武汉分别排在第十六位、第十九位、第二十位，郑州排在第二十二位，位次明显提升。

中欧班列与跨境电商平台、物流平台、保税平台、自贸试验区等融合发展，推动国外产品“走进来”，我国产品“走出去”。中欧班列的开行推动了产业转移，优化了内陆城市自身产业结构，促进了其经济发展。

在上述两个原因的推动下，地区政府积极推进班列开行，并出台有关政策性文件规范中欧班列的发展。如2016年国家发展改革委、中国铁路总公司牵头，会同有关部门和地方政府，共同编制《中欧班列建设发展规划（2016—2020年）》，对中欧班列的发展做了明确的顶层设计，推动形成联动发展新格局；2019年8月，重庆、河南郑州、湖北武汉、浙江义乌、湖南长沙的5个中欧班列运营平台联合发出《中欧班列高质量发展倡议书》，优化班列发展的协调格局。



### 3.1.2 中欧班列概念

2016年6月8日，中国铁路总公司正式启用“中欧班列”统一品牌，将中国开往欧洲的货运集装箱专列统一命名为“中欧班列”。中欧班列（China Railway Express，CR express）是指由国铁集团组织，按照固定车次、线路、班期和全程运行时刻开行，往来于中国与欧洲以及“一带一路”沿线各国的集装箱等国际铁路联运班列。

国家将其作为深化我国与沿线国家经贸合作的重要载体和推进“一带一路”建设的重要抓手，倾力打造该运输通道。统一中欧班列品牌建设、班列命名、品牌标识、品牌使用和品牌宣传，有利于集合各地力量，增强市场竞争力，将中欧班列打造成为具有国际竞争力和信誉度的国际知名物流品牌，对于推进铁路供给侧结构性改革，努力提供更多有效供给，更好地服务于“一带一路”建设，具有十分重要的意义。

## 3.2 班列发展历程

### 3.2.1 开通线路发展情况

1. 班列开通的内陆城市逐渐增加

2011 年，首趟中欧班列渝新欧班列开通之后，其他内陆城市紧跟其步伐，2012 年 10 月汉新欧开通，2013 年“丝绸之路经济带”概念被提出，成都、郑州、苏州、西安 4 个城市依次开出蓉新欧、郑新欧、苏满欧、西新欧班列，2014 年义乌、长沙、合肥和兰州也开出了本市首发的班列，见表 3－1。

2015 年，各地开行国际班列再现高潮，如连新亚班列的加频提速和常态化、滇越国际集装箱联运、辽满欧班列开行等，到当年年底，中国已开行 20 多条线路的国际班列。2016 年青海西宁—比利时安特卫普的中欧班列开出，青海也实现了在丝绸之路上角色的历史性转换。2019 年年底国内有 63 个城市开行中欧班列。



表 3－1 主要内陆城市首次开通中欧班列的情况

| 序号 | 班列 | 时间 | 路线 |
|---|---|---|---|
| 1 | 渝新欧 | 2011 年 3 月 | 重庆—杜伊斯堡 |
| 2 | 汉新欧 | 2012 年 10 月 | 武汉—波兰 |
| 3 | 蓉新欧 | 2013 年 4 月 | 成都—罗兹 |
| 4 | 郑新欧 | 2013 年 7 月 | 郑州—汉堡 |
| 5 | 西新欧 | 2013 年 11 月 | 西安—阿拉木图 |
| 6 | 苏满欧 | 2013 年 10 月 | 苏州—华沙 |
| 7 | 义新欧 | 2014 年 11 月 | 义乌—马德里 |
| 8 | 湘新欧 | 2014 年下半年 | |
| 9 | 合新欧 | 2014 年下半年 | |
| 10 | 天马号 | 2014 年下半年 | |

资料来源：根据各班列官网整理汇总。

2. 内陆城市班列开行路线不断增加

内陆城市班列开通后，根据货源目的地，不断创新路线，因此统一内陆城市开出的班列线路不断增加。例如，义新欧班列 2015 年开行线路增加到 9 条，目的地扩大到境外 30 多个城市；渝新欧开出重庆到立陶宛维尔纽斯、德国不来梅哈芬、捷克帕尔杜比采、匈牙利布达佩斯等 7 条新线路。

截至 2021 年 8 月，中欧班列已经通达欧洲 23 个国家、174 个城市。每个月都有新的欧洲城市迎来中欧班列，中欧班列开行线路范围进一步扩大，主要中欧班列线路首开情况见表 3－2。从表 3－2 中可以看出，运行的平均时间约为 18 天，是海运的一半。



**表 3－2　主要中欧班列运行线路首开情况**

| 序号 | 始发地—目的地 | 首班开行时间 | 全程/千米 | 全程耗时/天 |
|---|---|---|---|---|
| 1 | 重庆—杜伊斯堡 | 2011 年 3 月 19 日 | 11000 | 15 |
| 2 | 武汉—波兰 | 2012 年 10 月 24 日 | 10700 | 15 |
| 3 | 长沙—杜伊斯堡 | 2012 年 10 月 30 日 | 11808 | 18 |
| 4 | 成都—罗兹 | 2013 年 4 月 26 日 | 9965 | 14 |
| 5 | 苏州—华沙 | 2013 年 4 月 26 日 | 11200 | 15 |
| 6 | 郑州—汉堡 | 2013 年 7 月 18 日 | 10245 | 15 |
| 7 | 义乌—马德里 | 2014 年 4 月 26 日 | 13052 | 21 |
| 8 | 哈尔滨—俄罗斯 | 2015 年 2 月 28 日 | 6578 | 10 |
| 9 | 哈尔滨—汉堡 | 2015 年 5 月 25 日 | 9820 | 14 |
| 10 | 兰州—汉堡 | 2015 年 8 月 21 日 | 8027 | 15 |
| 11 | 保定—明斯克 | 2016 年 4 月 26 日 | 9500 | 12～14 |
| 12 | 乌鲁木齐—杜伊斯堡 | 2016 年 5 月 28 日 | 8000 | 10 |
| 13 | 西安—华沙 | 2016 年 8 月 18 日 | 9048 | 12 |
| 14 | 西宁—安特卫普 | 2016 年 9 月 8 日 | 9021 | 12 |
| 15 | 广州—莫斯科 | 2016 年 8 月 29 日 | 11500 | 15 |
| 16 | 长春—汉堡 | 2017 年 10 月 13 日 | 9623 | 12～15 |
| 17 | 唐山—比利时 | 2018 年 4 月 26 日 | 11000 | 16 |
| 18 | 成都—维也纳 | 2018 年 4 月 27 日 | 9800 | 15 |
| 19 | 武汉—汉堡 | 2018 年 3 月 28 日 | 12000 | 18 |

资料来源：根据各班列官网和新闻报道整理汇总。

### 3.2.2 中欧班列货运发展情况

1. 中欧班列逐年开行情况

（1）班列年开行量逐年递增。中欧班列自 2011 年开行以来，开行总量一路呈加速增长趋势，见图 3－1。2011 年开行 17 列，发展到 2020 年，开行 12406 列，增长了 729 倍，年均增速达到 108%，截至 2021 年 9 月累计开行列数已超过 4 万列。从图 3－1 中可以看出，2011—2014 年，中欧班列发展缓慢，每年增长量由 2012 年的 25 列增长到 2014 年的 228 列，该时期是班列发展的导入期，年均增速仅有 162.6%。2014 年“一带一路”倡议提出后，班列开行数量呈爆发式增长，由 2014 年增长 228 列，到 2020 年增长 4000 多列，除增长速度快之外，综合重箱率达 98.4%。从 2018 年开始，中欧班列年开行数量就突破了《中欧班列建设发展规划（2016—2020 年）》图定 5000 列的目标。尤其是新冠疫情突发的 2020 年，得益于中欧班列是铁路分段运输，不涉及人员检疫，于是很多海运与航空运输的货物转移到铁路上，班列开行数量更是飞速增长，堪称我国与“一带一路”沿线国家联系最为紧密的命运纽带，正成为我国与“一带一路”相关国家政策沟通、设施联通、贸易畅通、资金融通、民心相通的重要桥梁。

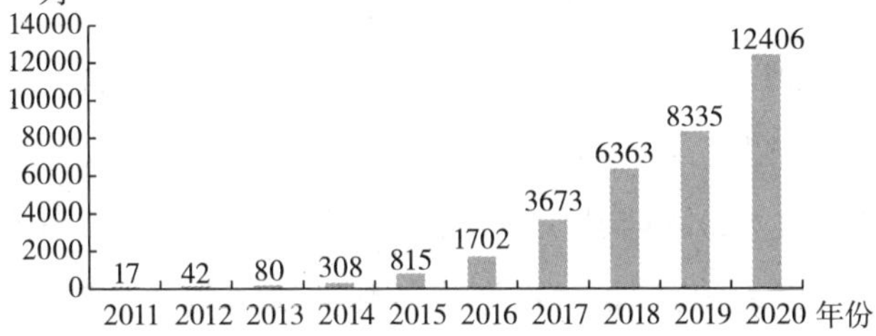


**图 3－1　中欧班列逐年开行情况**

资料来源：中国“一带一路”网，https：// www. yidaiyilu. gov. cn/ numlistpc. htm。

（2）班列货运增速与班列开行量同比上涨。从中欧班列运输的集装箱（均折算成 20 英尺的标准集装箱，TEU）数量来看，由 2014 年运送 2.62 万个标准集装箱，一路增长到 2020 年的 113.5 万个，年均增速达到87.4%。截至2021年8月，运送集装箱近400万TEU。从图3-2中可以看出2014—2016年发展速度较慢，2017年进入快速发展期，增长量达到两位数。

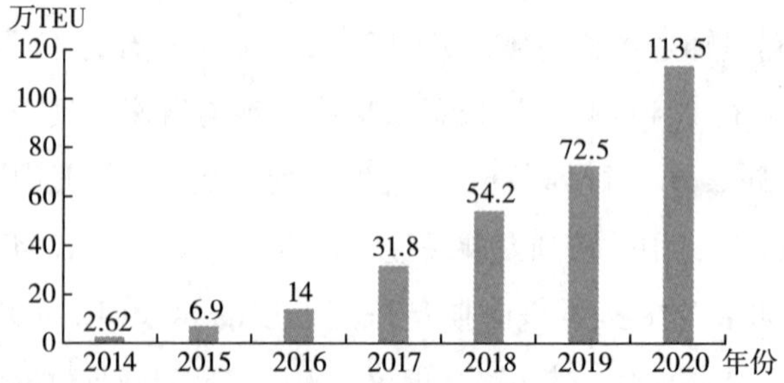


**图3-2　2014—2020年中欧班列逐年运输标准集装箱数量情况**

注：2011—2013年没有得到准确的数据。

资料来源：中国"一带一路"网，https：// www. yidaiyilu. gov. cn/ numlist-pc. htm。



（3）回程货源大幅增加。中欧班列从2011年3月19日第一次单向开行，到目前大多数线路都实现了回程满载、双向开行，不仅增加了中欧之间货物运输的新方式，更促进了沿线国家同中国的贸易往来，为这些国家的优良产品打开中国市场提供了新的途径。

具体开出情况见图3-3。去程班列的开行是内陆城市发展的初衷，因此从2011年首次开出17列，此后不断增长；2011—2014年，缓慢增长；2014年后进入快速增长期，增长量逐年增加，且多达上千列；2019年开出了4525列。回程班列很大程度上是在运输成本压力驱使下开出的，2014年首次开出，当年有28列，此后随着经贸往来的发展，回程货源增加，回程班列数量快速增长，2019年增长到3700列。但是回程班列的数量仍然小于去程班列的数量，2014—2017年两者差距有扩大之势，2017年相差最大，多达1125列。之后，随着政策的调整，两者的差距逐渐减少，2019年降至825列，2021年前8个月回程班列数量与去程班列的数量比值达84%，未来这一差距有望继续缩小。

截至2020年年底，已新开出回程线路百余条，形成了以7个口岸、4条通道为基础的四通八达的班列架构，物流版图覆盖国内60个城市和欧洲21个国家、97个城市。

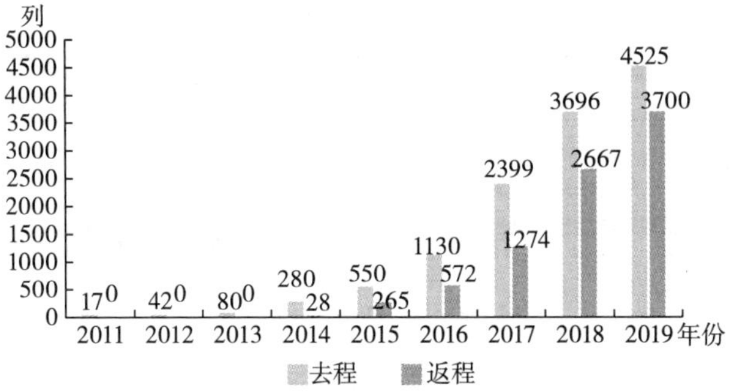


**图3-3　2011—2019年中欧班列去程和返程开行情况**

资料来源：中国“一带一路”网，https：//www.yidaiyilu.gov.cn/numlist-pc.htm。

2. 中欧班列开行密度不断增加

随着中欧班列的运行，中欧、中亚等地区经贸往来迅速发展，反过来，经贸的发展也促进了班列的发展。中欧班列开行密度越来越人，完成第一个十列，用时54个月，第二个千列用了8个半月，第三个用了5个半月，第四个4个半月，第五个3个月，第六个2个半月，见图3-4。

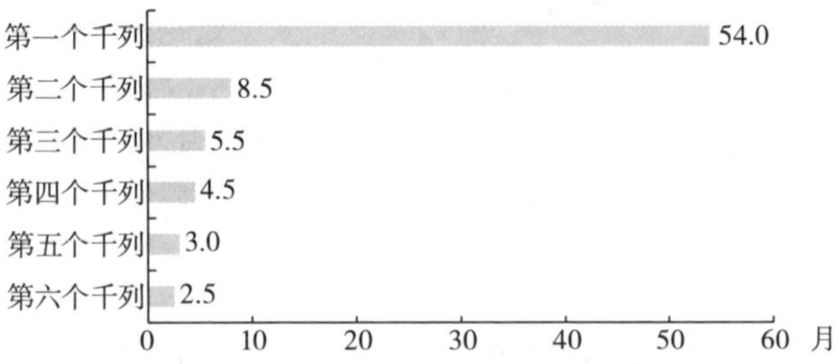


**图3-4　每开行1000班列所用时间**

资料来源：根据新闻报道整理汇总。

3. 中欧班列城市开行情况

内陆城市班列开行不均。各内陆城市班列开行逐年增长，但部分城市增速较快。2020 年，班列开出量超过 200 列的有 20 个城市，超过 500 列的有 10 个，超出 1000 列的有西安、成都、重庆、郑州、济南、乌鲁木齐 6 个城市，见图 3 –5。其中，西安开出的“长安号”班列多达 3760 列，位居第一，重箱率、货运量等稳居全国第一，成为中欧班列快速发展的典范；成都开出 2800 列，位居第二；重庆开出了 2177 列，位居第三；郑州开出了 1106 列，位居第五。

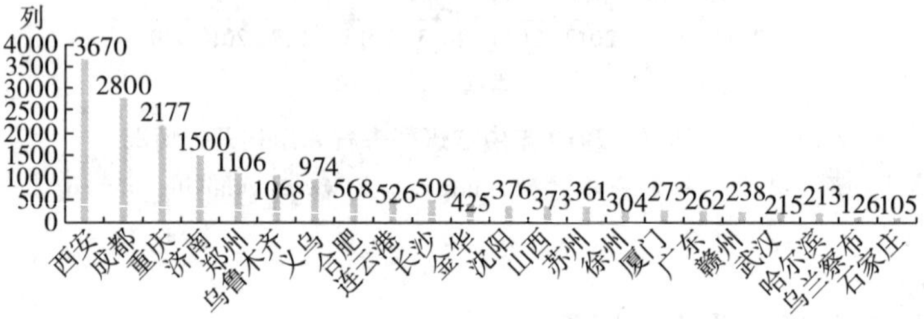


**图 3 –5　2020 年各城市班列开行情况**

资料来源：根据 2020 年各班列新闻报道整理汇总。

4. 最具特色的班列

在开出的中欧班列中，有些班列因在某方面与众不同而显得比较特殊，大致有以下几种：

（1）最国际化的国际班列。2015 年，越南谅山至广西凭祥友谊关口岸开通，国际公路运输与国际铁路运输接驳，越桂—苏满欧途经广西、江苏、内蒙古等地区和俄罗斯等国，把东南亚与欧洲腹地连接起来。该班列起点和终点均在国外，并将两端联系起来，因此最具国际化特色。

（2）最多连接点的系列国际班列。新疆作为丝绸之路经济带建设的核心区，开出多点多线运行国际班列，除了稳定中亚货运班列的基础之外，还开行了土耳其、伊朗、格鲁吉亚和俄罗斯的货运班列。其特点主要有两个：一是对中亚、西亚和俄罗斯的覆盖面最广、连接点最多；二是新疆拥有中国唯一的宽轨铁路，可以径直开到所有使用苏式宽轨的国家，这会减少换轨时间。新疆开行多点多线西行班列，目的是吸引其他省区货源，打造向西国际班列的最大集结点。

（3）运输距离最长的邮政专列。2020 年 5 月，东莞开往维尔纽斯的中欧班列，从广铁集团广州货运中心石龙站出发，经新疆霍尔果斯口岸出境后，途经哈萨克斯坦、俄罗斯等国，最终抵达立陶宛维尔纽斯站。该班列是粤港澳大湾区开行的首趟国际邮政专列，全程长 10779 千米。

（4）木材进口专列。2016 年我国全面停止商业林采伐，2017 年全面停止天然林商业性采伐，木材供需的结构性矛盾十分突出。中欧班列木材专列的开行，不仅能弥补回程货源的空缺，还能助力和保障我国木材市场的需求。国内多个城市竞相开行了木材专列，如武威、成都、日照、重庆和长沙等，开通了满洲里、二连浩特、阿拉山口和绥芬河 4 个木材口岸。部分城市还进行了木材货运深度探索，如成都青白江木材交易中心与成都国际陆港实行“班列 + 园区”的模式，秩序化运营与俄罗斯之间的木材专列；2015 年 4 月，武汉首个俄满汉木材回程专列开出，为了减少运输成本，2018 年 9 月开通了满洲里—武汉多式联运木材班列，满洲里至营口港为铁路、营口至阳逻为水路、阳逻至武汉工厂为公路，使成本降低约 35%。

（5）跨境电商欧洲专列。为了推动地区跨境电商的发展，各内陆城市采用“中欧班列 + 跨境电商”的物流新模式，开出了跨境电商欧洲专列。2021 年 2 月 9 日，中欧班列“长安号”跨境电商出口专列开出，标志着中欧班列“长安号”跨境电商全国集结中心正式起航。2021 年 6 月 18 日，四川首趟中欧班列跨境电商 B2B 出口专列开出。2021 年 6 月 26 日，中欧班列“齐鲁号”跨境电商专列开行。2021 年 9 月 9 日，首趟京津冀中欧班列跨境电商专列从石家庄开出，这是阿里巴巴在全国开行的第一趟跨境电商专列。中欧班列作为在新冠疫情中进出口货物运输最可靠、最稳定的国际通道之一，助力了跨境电商的迅猛发展。

### 3.2.3 班列的发展阶段

中欧班列开行有10年的历程，逐渐向规范化、标准化方向发展，但因各内陆城市班列开行的规则各异，因此目前仍处于探索期。截至2022年年初，中欧班列的发展历程可以划分为3个阶段。

形成期（2010—2014年）。该时期从中欧铁路线路不联通，逐步探索，到打通关节，开出去程和回程中欧班列，实现了从无到有。截至2014年年底，开行去程班列419列，回程班列28列，部分城市开行量仍为个位数。在此期间，为了抢占内陆货运制高点，班列开出的内陆城市不断增加，但增速并不快，开出的班列数量少，没有周期性，有货则开，无货则停，运输具有不确定性，回程班列则更少，且开行班列绝大多数靠政府补贴得以维持发展。

该阶段没有相应的班列运输政策规范，没有统一的运营组织机构，各内陆城市靠自己的力量各自与沿线铁路当局谈判，打通口岸，制定运费，探索班列的开出和货源组织机制。



快速发展期（2015—2019年）。该阶段班列发展有了运行的组织机构，制定了统一的目标，发展逐步趋于规范化。2015年国家发展改革委、外交部和商务部联合发布《推动共建丝绸之路经济带和21世纪海上丝绸之路的愿景与行动》，提出建立中欧通道铁路运输、口岸通关协调机制，打造“中欧班列”品牌，建设沟通境内外、连接丝绸之路运输通道的要求。明确将“中欧班列”列为国家发展的重点任务，指明中欧班列的战略地位，使中欧班列步入发展的快车道。

在此期间，中欧班列规范化的政策文件不断出台。2016年中国铁路总公司正式启用“中欧班列”名字，统一品牌。国家发展改革委、中国铁路总公司牵头，会同有关部门和地方政府，共同出台了《中欧班列建设发展规划（2016—2020年）》。这是中欧班列建设发展的首个顶层设计文件，规划设立43个枢纽节点，建设发展43条运行线，并安排部署七大任务：完善国际贸易通道、加强物流枢纽设施建设、加大货源整合力度、创新服务模式、建立完善价格机制、构建信息服务平台、推进便利化大通关，推动形成联动发展新格局。

国铁集团与中欧班列沿线国家铁路当局组建了中欧班列运输联合工作组，统一规范班列在国内的发展。2019 年 9 月，国铁集团携手全国中欧班列运营企业，共同签署了《推进中欧班列高质量发展公约》，旨在强化市场化运作机制，坚持共商共建共享原则，不断加强和优化运输组织，进一步降低物流成本，推进中欧班列的信息化发展。

在这些顶层设计和规范措施的指导和规范下，班列开出数量迅速增长，2019 年开出班列 8225 列，其中去程 4525 列，回程 3700 列。开通班列的内陆城市数量迅速增加，2019 年增加到 48 个内陆城市，城市之间货源的竞争也逐步趋于缓和。

稳步发展期（2020 年至今）。班列进入稳步发展期，2020 年班列开行 12406 列，2021 年开行 15183 列，开行数量稳步增长。去程重箱率达 100%，回程重箱率达 95.7%。运输时效基本稳定，新冠疫情条件下中欧班列平均运行时间为 20～25 天。铺划 78 条运行线，通达欧洲 23 个国家的 180 个城市，较 2020 年增加 2 个国家和 88 个城市。五大中欧班列集结中心开行班列数量占总量的 55.8%，集结功能逐步凸显，“枢纽对枢纽”“点对点”的运输有利于降低成本、提高运输效率。

然而，该阶段中欧班列拥堵成为常态。从 2020 年开始，中亚及东欧国家在现有交通运输条件下，铁路运输达到饱和，班列拥堵现象严重，班列运输时间延长，降低了运输效应，制约了中欧班列的发展，然而拥堵同时也带来了班列发展的机遇，促进班列的创新发展，促使区块链、云计算、物联网等在班列领域的应用，推进班列向数字化、标准化方向发展。地方政府根据货源量和铁路运输最大负荷，逐步建立班列补贴退坡机制，有利于促进班列在市场机制调节下的良性发展。

因此，在贸易便利化和铁路运输条件制约的作用下，中欧班列进入高质量稳步发展阶段，不再以追求开行数量为目标，而是开始探索班列开行线路的优化、管理的数智化、评价体系的完善和补贴政策的退出等问题。

## 3.3 班列运行通道

### 3.3.1 基本通道

中欧班列开行以来发展势头迅猛，辐射范围快速扩大。中国铁路总公司根据货源货流分布情况，统筹路网和运力资源，积极构建中欧铁路大通道，根据出境口岸，初步形成西、中、东 3 条运输通道，涉及的 5 个出入境口岸分别是阿拉山口、满洲里、二连浩特、霍尔果斯、绥芬河，其中阿拉山口是中欧班列通行量最大的口岸。

1. 三大通道介绍

（1）西部通道。西部通道是指经陇海、兰新线在新疆阿拉山口或霍尔果斯铁路口岸出境的中欧班列通道。西线分 3 条，第一条路线从新疆阿拉山口出境，经过哈萨克斯坦，再与俄罗斯西伯利亚铁路相连，然后到达欧洲国家。第二条路线由霍尔果斯或阿拉山口出境经过哈萨克斯坦、乌兹别克斯坦、土库曼斯坦、伊朗、土耳其等国到达欧洲，或者从哈萨克斯坦穿越里海，进入阿塞拜疆、格鲁吉亚、保加利亚等国。第三条路线是由吐尔尕特与规划中的中吉乌铁路等相连，通往吉尔吉斯斯坦、乌兹别克斯坦、土库曼斯坦、伊朗、土耳其等国，最后到达欧洲各国。



凡是经过新疆出口的货物都属于西部线路，该线路主要吸引中国西北、西南、华中、华南地区与欧洲间的进出口货源。西安、成都、重庆、郑州等中西部内陆城市班列均走西部通道，通过该通道进出的班列占中欧班列总量的 70% 以上，是最重要的班列通道。

（2）中部通道。中部通道是指经京广、京包、集二线在内蒙古二连浩特口岸出境的中欧班列通道。从苏州、天津等城市经二连浩特出境，途经蒙古国，与俄罗斯西伯利亚铁路相连，抵达欧洲各国。由华北地区经二连浩特出境，进入蒙古国扎门乌德，再经乌兰巴托、乌兰乌德到达莫斯科，之后再到欧洲，主要吸引中国华北、华中地区与欧洲间的进出口货源。

2019 年，《中蒙国境铁路联合委员会会议议定书》明确二连浩特—扎门乌德每昼夜按日均 14 对宽轨列车（其中集装箱列车 3 对）、6 对准轨列车（其中集装箱列车 3 对）满图模式组织交接。目前该线路班列开行基本达到饱和状态。

经二连浩特站开行的中欧班列保持高速增长态势。截至 2021 年 2 月，二连浩特海关累计监管进出境中欧班列 6072 列，运输货物 482.59 万吨，货值超过 900 亿元人民币。中部通道中欧班列开行线路已增至 44 条，国内始发地辐射郑州、成都、厦门等 40 多个城市，境外目的地由汉堡、鹿特丹扩展到华沙、莫斯科等 10 个国家 60 个地区。截至 2020 年 8 月底，经由二连浩特站出入境的中欧班列运行线路达 41 条，境外目的地覆盖蒙古国、俄罗斯和波兰等“一带一路”沿线国家，境内品类主要集散地覆盖四川、广东、上海等 27 个省（市），运输商品涵盖汽车及配件、机械设备和生活用品等，见表 3－3。



**表 3－3　中部通道进出口主要商品**

| 方式 | 种类 |
|---|---|
| 进口 | 板材、木浆、建材、白砂糖、葵花籽、亚麻籽、葵花籽油 |
| 出口 | 纺织品、日用品、家电产品、机电产品、小轿车、汽车成套散件、光伏产品 |

资料来源：根据中部通道新闻报道整理汇总。

（3）东部通道。东部通道是指经京沪、京哈、滨州线由内蒙古满洲里、黑龙江绥芬河口岸出境并与俄罗斯、白俄罗斯、波兰等国铁路相连的中欧班列通道。该通道的前身是西伯利亚大铁路的支线“中东铁路”，有百年的运营历史，技术条件成熟，运输方便快捷，是连接亚欧的重要贸易大通道和多式联运走廊。《中欧班列建设发展规划（2016—2020 年）》中明确指出，要在哈尔滨（哈尔滨南）、满洲里中欧班列枢纽节点布局，哈尔滨局集团公司打造“一核心、两支点、两辅助”跨境运输多式联运大格局，即以哈尔滨国际集装箱中心站为核心，以满洲里、绥芬河2个国际物流基地为支点，以哈尔滨夏家冷链物流基地、让湖路铁路物流基地为辅助，与环渤海港口相呼应，构建形成海铁、公铁国际多式联运体系。

2013年9月，首列苏满欧中欧班列经由满洲里口岸出境，标志着该线路的开通。东部通道在国内连接哈尔滨、绥芬河、齐齐哈尔等城市，通过满洲里、绥芬河满洲里口岸与俄罗斯西伯利亚、贝阿铁路对接形成连接欧亚的国际运输大通道；通过“借港出海”，可对接俄罗斯铁路“滨海1号”国际运输走廊项目；“向前看”与大连港、营口港等辽宁沿海港口群融为一体，另外向南辐射东莞、深圳、上海等东部沿海城市。

东部出发城市为广州、苏州、义乌、哈尔滨、营口，集货地包括苏州、天津、武汉等60多个城市，涵盖西南、华南、华东、东北等多个地区，到站包括莫斯科、华沙、马拉舍维奇、昆采沃、叶卡捷琳堡和沃尔西诺等12个国家的多个城市。粤蒙俄中欧班列从东莞的石龙站出发，经满洲里出境，走完东通道，最终抵达德国的杜伊斯堡，是运输距离最长的一条线路。回程班列运输货物主要是汽车配件和俄罗斯优质板材，经统计，2018年俄罗斯进口木材集装箱运量近72万吨。2021年4月13日，东部线路增加到52条。



2. 三大通道发展现状

三大通道中，西部通道因具有靠近中亚的区位优势，通行的班列占总量的比重接近2/3，具有举足轻重的作用。西部两大口岸开行的班列数量最多。根据中国国家铁路局发布的数据可知，2020年经阿拉山口站进出境的中欧班列达5027列，同比增长41.8%，占当年开行量的32%。经霍尔果斯站进出境的中欧班列达4652列，同比增长37%，占当年开行量的29%。二连浩特铁路口岸共开行出入境中欧班列2297列，同比增长53.7%，占当年开行量的15%。满洲里站开行出入境中欧班列3585列，同比增长34.4%，占当年开行量的23%。

绥芬河站开行出入境中欧班列217列，同比增长77.9%，仅占当年开行量的1%，见图3－6。

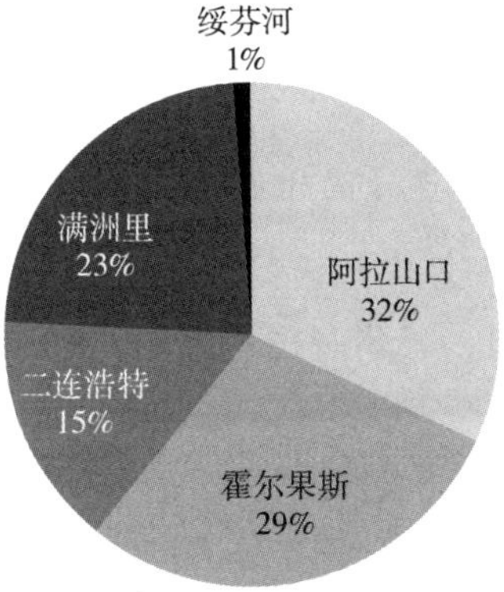


**图3－6　2020年5个口岸过境班列数占比情况**

资料来源：根据各口岸官网数据整理而得。

从3条线路来看，西线开行数量最多。2020年，西线开行列数达到9679列，占总开行的61%；东线开行3802列，占24%；中线仅有217列，占15%，见图3－7。

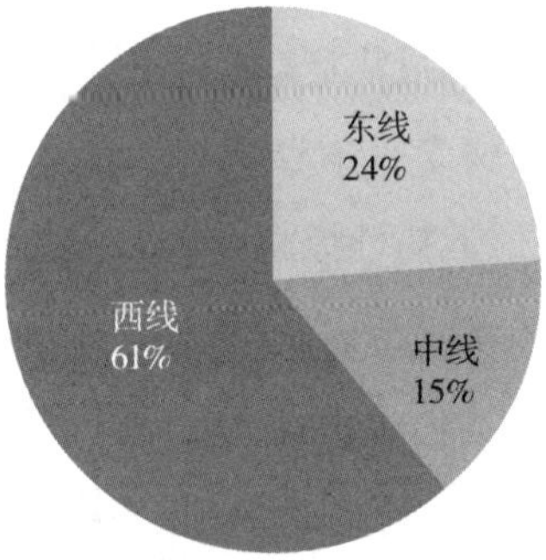


**图3－7　2020年三线班列开行列数占比情况**

资料来源：根据各口岸官网数据整理而得。

### 3.3.2　班列运行线路分类

1. 按照是否转车分为直达线和中转线

（1）直达线。中欧班列直达线是指内陆主要货源地节点、沿海重要港口节点与国外城市之间开行的“点对点”中欧班列线。由郑州、重庆、西安、成都等城市装车开出的班列都是直达线。

（2）中转线。中欧班列中转线是指经主要铁路枢纽节点集结本地区及其他城市零散货源开行的中欧班列线。从沿海城市中转到内陆城市装车后开出的班列都是中转线。

2. 按照是否为干线发货分为干线和支线

（1）干线。全路共有干支中欧班列运行线 70 条。其中干线主要有成都、重庆—阿拉山口，郑州—霍尔果斯，集宁—二连浩特，哈尔滨—满洲里等 36 条。

（2）支线。支线主要有合肥—阿拉山口、厦门—二连浩特、济南—满洲里等 34 条。

## 3.4 主要运输商品

中欧班列开行之初主要服务于我国内地企业，实现手机、电脑等 IT 产品的空间转移。随着中欧班列发展规范化和便利化，中欧班列的优势显现，逐步与航空运输、海洋运输形成了货源竞争局面，运往欧洲的货物逐步向班列转移，货物运输品类不断扩大。



1. 中欧班列去程运输货物种类繁多

当前，中欧班列去程货物种类多样，大致可分为 5 类。第一类是高价值时间敏感类货物，此类货物价值高，但随时间贬值速度快，主要有笔记本电脑、机电产品、手机、电子配件和高档服饰。第二类是高价值货物，此类货物价值高，不随时间贬值，主要有工艺品、高档家具。第三类是时间敏感类货物，此类货物价值不高，但随时间贬值速度快，主要有生鲜食品、水果、鲜花、快消品、纺织品。第四类是一般货物，此类货物价值低，随时间不会有明显贬值现象，主要有矿建材料、化工产品、粮食、塑料、塑胶。第五类是特殊货物，此类货物具有特殊属性，货价波动具有特殊性，主要有易损、易燃、易爆物品，放射性物品，军需物资，见表 3－4。

表 3-4 中欧班列货运种类

| 类别 | 特点 | 货物 |
|---|---|---|
| 高价值时间敏感类货物 | 货物价值高，随时间贬值速度快 | 笔记本电脑、机电产品、手机、电子配件、高档服饰 |
| 高价值货物 | 货物价值高，不随时间贬值 | 工艺品、高档家具 |
| 时间敏感类货物 | 价值不高，随时间贬值速度快 | 生鲜食品、水果、鲜花、快消品、纺织品 |
| 一般货物 | 价值低，随时间不会有明显贬值现象 | 矿建材料、化工产品、粮食、塑料、塑胶 |
| 特殊货物 | 具有特殊属性，货价波动具有特殊性 | 易损、易燃、易爆物品，放射性物品，军需物资 |

资料来源：中国“一带一路”网，https：//www. yidaiyilu. gov. cn/numlist-pc. htm。

截至2020年年底，已有几千类货物通过中欧班列输往欧洲和亚洲地区。但在所有的货物中，少数几类占绝对比重，如2020年前11月，机电产品出口占比提升至59.3%。集成电路、计算机、医疗器械等高技术、高附加值产品出口强劲，增速分别达14.8%、10.7%和44.5%。

2. 中欧班列回程运输货物种类逐步增多

中欧班列从最初的单向营运到现在的双向营运，回程货物种类逐渐增多，主要有法国波尔多酒庄的原装红酒、白俄罗斯的液态牛奶、英国母婴产品、德国啤酒、西班牙火腿、哈萨克斯坦面粉、保加利亚玫瑰精油、德国汽车等高附加值商品。但是为了减缓回空问题和分担运费，回程班列也出现了将俄罗斯的木材、欧洲的沥青等原材料或低附加值商品低价运回国内。因此，越来越多的回程货物搭上中欧班列国际列车，进入中国市场，受到中国消费者的欢迎。

3. 不同城市班列运输货物种类各具特色

由于不同内陆城市的产业基础各具特色、出口的货物不尽相同，因此每条中欧班列均有自己主要的运输货物。

重庆的渝新欧班列去程货物种类在IT产品的基础上逐步多样化，

主要有机械产品、工艺品、纺织品；回程货源主要有汽车及日用品。成都蓉欧班列去程以机械品、电子产品为主，后增加纺织品；回程有食品、家电产品、家具等。郑州郑欧班列专程以机械、汽车零配件和纺织品等为主；回程以整车、高档日用品、建材等为主。武汉的汉欧班列去程以日用品、电子产品、服装为主；回程主要有木材、机械产品和汽车部件等。义乌的义新欧班列去程货物种类最多，以纺织品、电子产品等为主；回程货物以医药、母婴产品等为主。西安的“长安号”班列去程有工程机械、电子元器件等；回程有小麦、蜂蜜、奶粉等。新疆班列去程产品主要有服装、食品、建材、百货等；回程以汽车、家具、小麦等为主。哈尔滨去程产品主要有绿色农产品、日用品、红肠、啤酒、电子元器件、高端制造产品等；回程的主要有牛奶、玫瑰油、母婴产品、汽车、飞机零配件、升降机、板材、木材等货物。不同城市中欧班列具体运输货物的种类见表3－5。



**表3－5　不同班列主要运输货物**

| 始发地 | 去程货源种类 | 回程货源种类 |
|---|---|---|
| 重庆 | 机械装备、汽车整车及零配件、电子产品、工艺工业用品、化妆品、服装、鞋帽、啤酒、奶粉、咖啡豆等 | 日用品、汽车整车、汽车零部件等 |
| 成都 | 电子产品、家电产品、机械设备及其配件、服装等 | 食品、酒水、机电产品、家具用品、化工涂料、高档服装等 |
| 郑州 | 工程机械、医疗器械、汽车配件、飞机制造材料、传统轻纺类产品 | 整车及零配件、高档日用品、高档建材、高端装备等高附加值的货物 |
| 武汉 | 日用品、电子元器件、机电产品、服装、海产品、水果等 | 汽车零部件及模具、钢带、机械设备、木材、电梯零部件等 |
| 义乌 | 服装、高档面料、电子配件等货值较高的产品 | 生物医药、食品、母婴产品、太阳能薄膜、橱柜、洗衣机配件等货物 |
| 西安 | 工程机械、日用百货、装饰装修材料、汽车零配件、电子元器件以及高端制造产品等 | 小麦、厨具、奶粉、蜂蜜、初榨油、绿豆、面纱等货物 |

续表

| 始发地 | 去程货源种类 | 回程货源种类 |
|---|---|---|
| 新疆 | 服装、食品、机械制品、建材、日用百货、PVC、烧碱、部分化工产品、机电产品等 | 整车及零配件、家具用品、小麦、奶粉、蜂蜜、初榨油等货物 |
| 哈尔滨 | 绿色农产品、日用品、红肠、啤酒、电子元器件、高端制造产品等 | 牛奶、玫瑰油、母婴产品、汽车、飞机零配件、升降机、板材、木材等货物 |

资料来源：根据各班列平台公司和新闻报道整理而得。

## 3.5 中欧班列重要运输节点

### 3.5.1 中欧班列集结中心逐步形成

1. 集结中心选取的测定

张建斌（2021）通过引力模型测定，从城市区位特征、物流发展水平测度结果、节点城市物流引力测度结果以及节点城市物流经济辐射和依赖关系方面测度部分内陆城市功能，将其划分为物流枢纽和备选物流枢纽，其中物流枢纽有重庆、天津、武汉、成都、西安和郑州。虽然北京在物流发展水平测度、节点城市物流引力测度结果以及节点城市物流经济辐射和依赖关系方面得分较高，但王姣娥（2017）认为考虑到北京作为我国综合交通运输枢纽，不适宜作为中欧班列枢纽；考虑到南京、苏州、杭州作为货源辐射城市，暂时不适宜作为枢纽城市；西安、郑州虽然测度结果处于中游水平，不过考虑到其区位优势以及国家战略定位，因此将其划分到物流枢纽城市范围。

备选物流枢纽城市包括苏州、长沙、沈阳、兰州、乌鲁木齐。其中，乌鲁木齐虽然测度水平较低，不过由于其在中欧班列中的战略地位，因此将其纳入备选物流枢纽城市名单。随着中欧班列的进一步发展，当货源量能够支撑开行更多规划开行的班列时，将对物流枢纽提出更高的要求，可进一步拓展苏州、长沙、沈阳、兰州为中欧班列中转枢纽城市。

2. 中欧班列集结中心的提出

2020年7月，国家发展改革委下达中央预算内投资2亿元，明确表示支持郑州、重庆、成都、西安、乌鲁木齐5个城市开展中欧班列集结中心示范工程建设，并助推班列由“点对点”向“枢纽对枢纽”转变，加快“干支结合、枢纽集散”高效集疏运体系形成，提升班列综合效益及国际竞争力。在该背景下，要求各开行城市对于能够满载成列的集装箱班列依然按照“点对点”直达运输模式组织，而将不能单独成列的集装箱按共享线路城市群网络组织，将集装箱集中于5个集结中心，以城市群利润最大化为目标，优化集装箱在各城市之间的调运策略，最大限度地保障地方政府及运营企业的利益，增加重箱率，减少空载率，控制运输成本，全面提升中欧班列开行质量。

中欧班列集结中心示范工程建设包括硬件建设和软件建设。硬件建设包括铁路网络、场站、物理设施标准化等，软件建设包括信息共享平台、动态数据交换、单证规则协调等。中欧班列枢纽节点城市工程建设将有利于促进中欧班列由“点对点”运输向“枢纽对枢纽”运输转变，有利于降低班列运行成本、提高运输效率，有利于促进中欧班列高质量发展。



3. 五大集结中心的集结现状

随着中欧班列的发展，内陆城市争相打造内陆货源聚集地，其中郑州、重庆、成都、西安、乌鲁木齐5个内陆城市运营能力增强，货物集结功能逐渐凸显。在国家提出打造集结中心后，这五大城市的班列货物聚集功能进一步增强。

五大集结中心覆盖的线路范围主要是通过西向（阿拉山口或霍尔果斯）、中向（二连浩特）、东向（满洲里）口岸开行班列，近年来郑州、重庆、成都、西安积极拓展东盟市场，通过南向（广西凭祥）通道，开通至越南、老挝国际班列。集结中心正在以相同或相近的目的地城市线路为基础，吸引周边城市的班列集装箱进行城市间的集并调运，从而形成共享线路城市群。

从去程货源看，除了新疆，其他四大集结中心货源辐射范围不只局限于城市周围，甚至辐射至千里之外的沿海地区，集结的货源来自我国绝大多数地区，数量增长速度快。从回程班列占比看，郑州、重庆、成都、西安集结中心表现良好，重庆与郑州略高于成都、西安，而乌鲁木齐回程班列占比较低。五大集结中心区位相较而言，西安与乌鲁木齐逐渐占据竞争优势。2020 年，西安、重庆、成都 3 个城市中欧班列年开行量均超过 2000 列，合计占全国开行总量的 58%，班列运营开始由“点对点”向“枢纽对枢纽”转变。

### 3.5.2 集结中心竞争激烈

1. 五大集结中心相聚较近

五大集结中心均分布于我国的中西部，除乌鲁木齐外，其他 4 个城市距离较近，成都与重庆相距 300 千米左右，郑州与西安不到 500 千米。而集结中心货源覆盖范围远至千里之外，很难严格划分出各中心彼此独立的辐射范围。由于地理区位相近，在货源覆盖城市上存在重叠，这种叠加导致货源竞争激烈。



2. 五大集结中心政府补贴居高不下

五大集结中心为吸引货源，均出台了补贴政策，对货主给予补贴。虽补贴标准不一，但补贴力度均比较大。为了提高班列的重载率，不仅需要吸引本地货源，还需要将货源吸引范围扩展至周边省市乃至全国。各集结中心中欧班列企业对货源的争夺日益激烈，为应对其他地区的补贴，五大集结中心均制定较高的补贴，且随着货源竞争加剧，补贴成本居高不下。

3. 五大集结中心未来发展战略

为有效提升五大集结中心竞争力，集结中心应从两方面寻求发展。一方面各集结中心应根据自身条件，差异化发展。郑州要紧抓物流与区位优势，加快发展速度；重庆要进一步提升运营能力，并强化物流与创新优势；成都需抓住经济优势，巧用地理位置优势；西安需强化区位、物流、创新优势，稳步发展；乌鲁木齐应增强区位优势，抓紧填补创新、物流短板。另一方面也应实施耦合发展，实现共赢。通过以上布局，打造区域双枢纽，构建五大集结中心大协同局面，建设“枢纽—次级枢纽”多级集结网络。

# 4

# 中欧班列主要线路发展概况

在“一带一路”倡议的召唤下，我国内陆城市为抢占对外开放的制高点，竞相开出自己的中欧班列。截至2020年年初，有63个城市开出自己的中欧班列。但因地理区位、货源、交通实施等多种原因，各城市班列发展实力参差不齐。此处仅选取发展实力强、有代表性的5个城市中欧班列进行介绍，分别是渝新欧、郑新欧、西新欧、蓉欧快铁、义新欧。



## 4.1 渝新欧班列

### 4.1.1 渝新欧班列概念及运营主体

1. 渝新欧班列的概念

渝新欧班列（Yu XinOu Internat Ional Block Train）是以重庆为始发点开出的国际货运班列。班列开行之初，因为从重庆出发，途经新疆，最后抵达欧洲地区，因此取3个地方的简称，得名“渝新欧”。此后开出的经二连浩特、凭祥等口岸的班列，虽不经过新疆，但仍使用该名字。2016年中欧班列统一品牌后，渝新欧班列改为中欧班列（渝新欧）。

2020年，为促进成渝两地经济的合作发展，成都海关与重庆海关签署了《成渝地区双城经济圈建设规划纲要》，明确了两地海关部门共同推动中欧班列发展的工作机制。国铁集团为支持成渝两地中欧班列的合作发展，同意成渝两地使用统一名称，即为“中欧班列（成渝)”。但在国内为了使用简便和方便辨识，多数地方仍然使用渝新欧。

2. 渝新欧班列的运营主体

渝新欧班列的运营公司是渝新欧（重庆）物流有限公司，该公司于2012年4月12日挂牌成立。渝新欧（重庆）物流有限公司是在政府大力支持下，由重庆交运集团牵头，中国、哈萨克斯坦、俄罗斯、德国四国铁路部门“四国五方”共同合资组建的铁路物流企业，作为专营亚欧国际铁路联运大通道的平台公司，主要开展重庆和欧洲之间双向的“站到站”服务。公司的主要任务是为从中国重庆至哈萨克斯坦、俄罗斯、白俄罗斯、波兰、德国等国家的货物双向运输提供协调平台，使渝新欧班列真正成为具有世界品牌意义的高效优质通道。其目标是成为以供应链管理及协调为主的综合性物流集成商。因各国占有公司股份，形成了班列运输利益分享机制，由此渝新欧班列货物运输成为中欧班列中最具效率的班列。



（1）公司成立背景。该运营主体的多方控股主要是由渝新欧班列复杂的开行背景决定的。2009年，惠普、宏碁、华硕3家公司笔记本电脑出口制造基地进驻重庆后，富士康等6家台湾地区代工企业以及300家零部件企业接踵而至，在重庆形成“3+6+300”的笔记本电脑产业集群，电子产业在重庆发展势头强劲。当时的物流一般通过铁海联运、航空运输等模式实现电子产品的空间转移，然而运输时效和成本难以控制，制约着企业的发展，因此需要创新物流模式。

渝新欧班列正式开行前，先后进行了三次试运行。因经营主体前后不一致，前两次是中铁，后面一次是德铁，各企业出于自身利益的考虑，在资源和信息上都有所保留，未能实现共享，不能保证渝新欧的顺利开行与畅通。虽然先期开行了19趟，但运价、运行时间、回程货源组织、冬季运输保障等一系列问题，仍然制约着重庆国际铁路运输。渝新欧班列要实现以双向对流为目标的常态化开行，需要具有国际竞争力的利益共同体，以整合沿线各国铁路部门的优势，破解来自国际、国内以及自身因素等多重制约的难题，保证国际铁路的顺利运行，渝新欧（重庆）物流有限公司因而得以诞生。

（2）公司股权结构。渝新欧（重庆）物流有限公司为四国合资股份制公司，有5个入资股东，股份构成比例见图4－1。成立之初，投资总额为600万美元，注册资本为300万美元，外方认缴97.8万美元。第一大股东是重庆交运集团，占41.1%的股份。第二大股东是德国联邦铁路集团，占16.3%的股份，其职责主要是协助平台公司保障渝新欧班列欧盟段的铁路运输服务质量、争取最具竞争力的运输价格和东进货源的组织。第三大股东是俄罗斯铁路股份公司，占16.3%的股份，其职责主要是协助平台公司保障渝新欧班列俄罗斯、白俄罗斯、乌克兰段的铁路运输服务质量和争取最具竞争力的运输价格。第四大股东是哈萨克斯坦国家铁路股份总公司，占16.3%的股份，其职责主要是协助平台公司保障渝新欧班列哈萨克斯坦段的铁路运输服务质量和争取最具竞争力的运输价格。第五大股东是中铁集装箱运输有限责任公司，占10.0%的股份，其职责主要是协助平台公司保障渝新欧班列中国段的铁路运输服务质量和争取最具竞争力的运输价格。



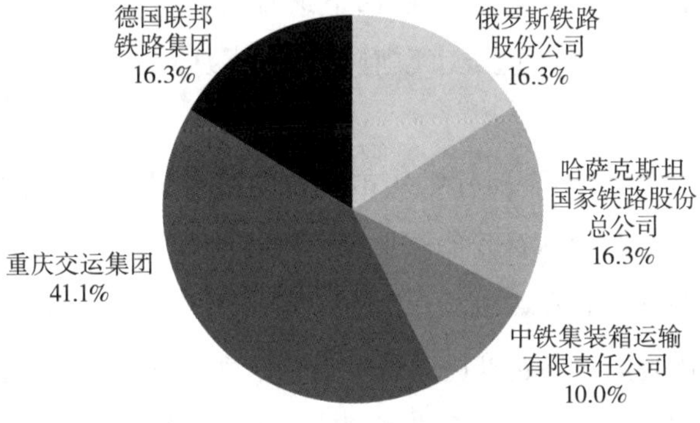


**图4－1 渝新欧（重庆）物流有限公司股东构成情况**

资料来源：渝新欧（重庆）物流有限公司官网。

（3）公司职责及特权。渝新欧（重庆）物流有限公司主要管理渝新欧铁路通道，从事重庆至欧洲铁路沿线双向的“站到站”集装箱班列的物流货运代理业务，包括订舱、配送、仓储、报验、运杂费结算等。同时也承担着优化运行路线、组织回程货源、搞好代理服务、减少中间环节、降低物流成本、协调各方利益体关系、促进通道顺畅运行的重要职责。因由多国参与，渝新欧国际通道得到了各国政府给予的更多特权和优惠。渝新欧班列到达阿拉山口转轨，得到中国铁路总公司特许获得优先通过，班列通过沿线国家也不必拆箱检验，同样获得来自渝新欧铁路沿线国家政府的政策优惠，如优先换轨权、优先通关权等。

班列运营公司实力强大，有利于重庆打造中国西部的物流中心，使重庆成为联系中国与欧洲的桥头堡。在渝新欧（重庆）物流有限公司的运营下，渝新欧班列飞速发展，成为中欧班列中最亮丽的名片。

### 4.1.2 渝新欧班列发展历程

自 2008 年开始，重庆围绕产业结构升级战略，加大了 IT 产业招商引资力度，欲打造电子产业群，成功引进 HP、ACER、华硕、思科等品牌厂商和近 500 家零部件厂商，2011 年已经产出笔记本电脑 2500 万台，40% 的货量销往欧洲沿线国家。然而由于重庆地处我国西部，货物在国内运输就要消耗不少时间和运费。为了降低运输成本，提高运输效率，重庆市政府开始探索从重庆经新疆开往欧洲的铁路运输。



2010 年 8 月 30 日，时任重庆市市长的黄奇帆派人出席了由德国铁路公司牵头，在柏林召开的欧亚铁路联席会议，与辛克、TEL（德铁和俄铁的合资企业）等机构建立了联系。其后，重庆方面又请铁道部出面，利用政府、铁路部门与俄罗斯、哈萨克斯坦等国铁路公司及沿线国家政府部门的关系，形成了“五国六方联席会议”的多边磋商机制。2010 年 9 月，黄奇帆代表重庆正式向海关总署、铁道部提出开行重庆至欧洲集装箱班列的请求，得到了海关总署和铁道部的积极支持，确定启动中欧班列渝新欧国际铁路通道建设。

随后在多方共同努力下，2010 年 10 月 18 日，中国集装箱公司成立了项目实施操作小组，组织开行国内班列段第一次试运，用了 96 小时。第二次试运行在重庆至莫斯科之间进行，用了 11 天，解决了多国协作、选线、气温适应等一系列问题。

2010 年 11 月 23 日，时任国务院总理温家宝出访俄罗斯，其间中国、俄罗斯、哈萨克斯坦三国联合签署了海关便捷通关协议，确定三国海关对从重庆发出，通过新疆阿拉山口，途经哈萨克斯坦、俄罗斯的货物，只进行一次海关检查就可以直接运往荷兰、德国等地。

2011 年 3 月 19 日，渝新欧班列进入全程正式运行阶段。满载重庆制造的电脑、手机、路由器等电子产品的渝新欧班列，从阿拉山口出境，经过哈萨克斯坦、俄罗斯、白俄罗斯、波兰，最后到达德国鲁尔工业区中心——杜伊斯堡。历经 6 个国家，行驶 11179 千米，耗时 16 天，成功实现了渝新欧国际铁路大通道的全线开通。

2011 年 9 月下旬，重庆市邀请丝绸之路沿线国家聚集重庆，举办“五国六方联席会议”，商讨国际班列运行，并共同签署《共同促进“渝新欧”国际铁路常态开行合作备忘录》。会议达成共识，采取股份公司的方式，成立平台公司，将沿线国家的利益捆绑在一起，共同协调、组织渝新欧班列的运输管理，共享利益，确保列车运行速度和换装效率，实现 12 天到达目标。

2012 年 11 月 16 日，由重庆发出的宏碁、华硕组合渝新欧班列顺利抵达德国杜伊斯堡，该次班列创下 3 个第一：第一次成功使用国际货约和国际货协统一的铁路运单；第一次成功实现多品种货源组合运输；第一次成功操作国际货运班列沿途卸货。

2013 年 3 月 18 日，渝新欧班列在各路中欧班列中率先迎来返程班列。满载着“长安”“福特”货值 630 万欧元的汽车零部件，经过 17 天的行程，从德国杜伊斯堡顺利抵达重庆，标志着渝新欧班列货物运输有去无回的困局开始破解。

2014 年 4 月 8 日，渝新欧公共班列开行，改变了过去单纯以 IT 产品专列形式发运的模式，让更多的产品都能享受渝新欧国际大通道的高效、安全、便捷和成本优势，将更有利于集聚重庆乃至周边的货源通过渝新欧班列运输，开始常态化运行。同时说明，2014 年之前，渝新欧班列运输的几乎都是重庆本地货源，电脑、手机、路由器等 IT 产品占渝新欧班列同类货源的比重分别高达 95%、92%和 90%。

2014 年 8 月 14 日，渝新欧首趟进口汽车班列从德国杜伊斯堡出发，它标志着原装进口汽车整车班列成功开行，不仅为渝新欧班列常态运输进口汽车奠定了坚实的基础，而且将为渝新欧班列回程公共班列常态开行提供了货源支撑。

2014 年 9 月 1 日，在重庆市海关、商检、交委、邮政以及市物流办的大力协助和支持下，渝新欧班列国际邮包试验箱成功运往哈萨克斯坦阿拉木图，实现了国际邮包出境运输的首期目标，为达成重庆市政府和中国邮政通过渝新欧班列运输国际邮包到欧洲的战略目标奠定了基础。



2014 年 9 月 3 日，渝新欧俄罗斯班列正式开通，这是渝新欧国际联运大通道自开通以来，首次以班列的形式开往俄罗斯，开创了中国内陆集装箱班列发往俄罗斯的先河。

2015 年 6 月 26 日，渝新欧班列首批跨境电商回程货运抵达重庆，这是跨境电商史上首次采用铁路运输方式从国外运回商品，打破了跨境电商以往通过海运和空运方式运输的现状。

2015 年 7 月 16 日，首趟渝新欧班列后谷咖啡国际专列成功发运，丰富了渝新欧班列货源组织的多样性，更有助于重庆把海上丝绸之路、长江黄金水道、陆上丝绸之路连为一体，以重庆为中心枢纽，以咖啡为主要载体，将重庆打造为中国咖啡集散中心，努力推进国家“一带一路”倡议的战略实施。

2016 年 6 月 13 日，首趟渝新欧平行进口车专列载着 82 辆平行进口车顺利抵达重庆。

2016 年 7 月，海关总署批准重庆成为渝新欧班列运邮试点城市，重庆率先启动至俄罗斯和德国的渝新欧运邮测试。2016 年 9 月 29 日，一列载着邮包的列车自重庆铁路口岸发出，开创了中欧国际货运班列全路段运输国际邮包的先河。

2017 年 7 月 16 日，渝新欧公司获评“中国行业最具公信力品牌”荣誉称号。

2017 年 11 月 30 日，渝新欧班列完成“关铁通”项目首次测试，全程运行顺畅，通关便捷，取得圆满成功。“关铁通”项目是将集装箱货物的相关信息写入安全智能锁内，沿线进口国海关不需要实施开箱侵入式查验，便可直接读取集装箱上加挂的安全智能锁查验图像和数据，从而提升通关效率。

2018 年 3 月，渝新欧越南国际班列成功开通，成功将欧洲和东南亚串联起来，借力渝新欧班列让欧洲与东南亚实现贸易互动。

2018 年 7 月 14 日，重庆到明斯克的班列开通，实现了重庆与明斯克两座“一带一路”重要节点城市的“点对点”通达。



2018 年 11 月，海姆港的渝新欧班列顺利进入重庆两江新区果园港，这标志着重庆以海姆港为节点、果园港为终点的线路开通，深化了长江上游地区与以曼海姆为代表的莱茵河上游地区在经贸等方面的合作，将助推双方在物流、贸易、智能制造等方面的合作，促进重庆打造内陆开放高地。

2018 年 11 月 26 日，在重庆国际邮件互换局铁路口岸中心，来自德国的邮包完成 1 万多千米长途旅行，经过海关查验、分发处理等程序后，被送至收件人手中，这标志着渝新欧班列首次较大规模邮件进口测试成功。

2020 年 1 月，渝新欧班列出口蔬菜冷链运输测试成功，该批蔬菜主要为芋头、山药和荷兰豆等，到达波兰马拉舍维奇后完成清关提箱，全程铁路运行时效为 13 天。

2020 年新冠疫情期间，渝新欧班列成为国际物资应急运输绿色通道，累计组织运输医疗和民生物资超 2000 箱，货值超 27 亿元。

2020 年，渝新欧班列成功开行全国首列跨境电商 B2B 出口专列。

2020 年 4 月 3 日，全国首列国际邮包专列——渝新欧班列“中国邮政号”在重庆正式发车，将主要通过空运和海运运输的货物通过国际邮件运至欧洲。它搭载着 42 箱国际邮件，约 10 天后抵达立陶宛，再分拨至西班牙、丹麦、瑞士、法国等欧洲国家。

2020 年 12 月 30 日，一列满载 1000 吨纸浆货物的渝新欧班列，从布拉克海港（Brake Seaport）直达专列顺利运抵重庆，该货物由德国布拉克港扬米勒集团组织，标志着渝新欧班列成功开辟了一条连通德国北部地区与西南地区的全新、快捷、绿色、环保的运输通道，进一步构建了亚欧大陆间国际货物双向流通格局。

2020 年 12 月，国铁集团正式复函重庆、成都两地政府提出的《成渝地区双城经济圈建设规划纲要》，支持成渝两地中欧班列合作发展，即同意支持成渝两地使用统一名称“中欧班列（成渝）”开展品牌宣传推广，并制定了两地近期、中期、远期合作策略。



2021 年 8 月，重庆开出经俄罗斯加里宁格勒、波兰斯堪达瓦至德国的班列，该线路不经过马拉舍维奇场站，因而有效地避免了因拥堵而可能导致时效延长的情况，有效地缓解了运输拥堵的情况，为中欧班列的发展提供了全新路线方案和选择。

2021 年 9 月，重庆直达乌克兰基辅的班列成功开行，成功规避了以往从波兰或白俄罗斯中转造成的大规模等待滞留风险，丰富了重庆通往欧洲地区的国际物流网络和贸易通道。

### 4.1.3 渝新欧班列发展现状

1. 渝新欧班列发展速度快

渝新欧班列自 2011 年 3 月 19 日正式开行以来，截至 2021 年 3 月 14 日已累计开行班列数近 7600 列，运输货值位居中欧班列中全国第一。具体来看，2011 年，渝新欧班列共开行 17 列、运送 699

个 40 英尺①集装箱、97 万台重庆造笔记本电脑、20 万台重庆造显示器。发展到 2020 年，渝新欧开行重箱折算列 2603 班，运输箱量超 22 万标准箱，位居西南地区中欧班列第一、全国前二，见图 4－2。

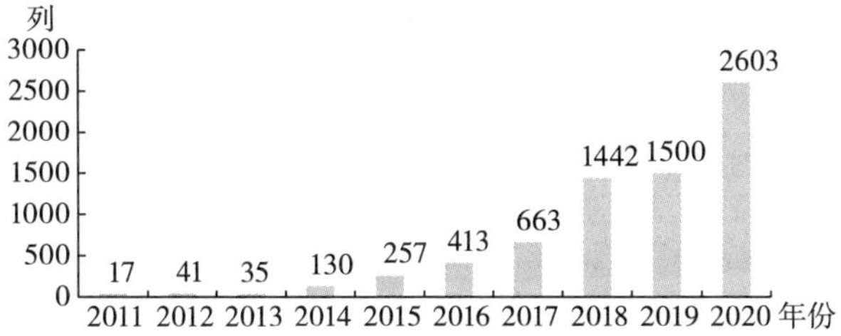


**图 4－2　2011—2020 年渝新欧班列开行数量**

注：新闻报道中查知在 2019 年班列开行量在 1500 以上，此处取下限 1500 列。

资料来源：根据渝新欧班列运营平台官网和新闻报道整理而得。

2. 班列开行线路多

截至 2021 年 8 月底，渝新欧公司已成熟运行 30 余条线路，通达 26 个国家、70 余个节点城市，其中，覆盖了俄罗斯、白俄罗斯、哈萨克斯坦、塔吉克斯坦等多个国家，已经形成了“1＋N”的运行分拨模式。

“1”是指以重庆到德国杜伊斯堡为主线，去程从阿拉山口出境，在多斯特克换宽轨，经过哈萨克斯坦、白俄罗斯、俄罗斯、波兰、捷克、乌克兰、立陶宛、拉脱维亚等国家及地区，在马拉舍维奇再次换上标准轨，最后到达德国杜伊斯堡，全程 11179 千米；并通过杜伊斯堡转至荷兰、比利时、法国、意大利、瑞典、匈牙利、捷克等欧洲国家。回程由欧洲通过干线运至重庆后，再转运至东南亚国家。

“N”条支线主要是根据客户需要选择沿线国家作为集结点和分拨点，现已在沿线 12 个国家实现了集结和分拨，可辐射亚欧 70 多个城市。根据达到的目的地可分为 3 类：

① 1 英尺＝0.3048 米。

（1）中亚线。从重庆出发，经霍尔果斯、阿拉木图再转运至中亚五国主要城市的渝新欧班列。

（2）俄罗斯线。由重庆开出，经满洲里、二连浩特、绥芬河口岸，抵达莫斯科等俄罗斯主要城市的渝新欧班列。

（3）越南线。由重庆开出，经凭祥出境，直达越南河内，再中转至中南半岛等国的渝新欧班列。

3. 运输货物种类不断增加

据不完全统计，目前渝新欧国际大通道到达境外的目的地有10个国家和10余个集散地，承运的货源产品种类主要有IT产品、家用电器、汽车配件、机械设备、服饰百货、葵花籽油、日用品、水果、木材、纸浆以及电商货物等，货物品种逐步扩展到各行各业。服务的客户不仅有惠普、宏碁、华硕等入驻重庆的企业，还拓展到全球物流、丹马士等国际物流企业。



4. 运输效率不断提高

渝新欧运营公司股份构成中有德国、俄罗斯和哈萨克斯坦的股份，因此在通关谈判中具有明显优势，不仅取得阿拉木图、多模斯托克等地的通关优先权，更有因为加入安智贸而获得的快速通关权。因此渝新欧班列与传统的货运相比，平均运行时间仅为13～15天，较江海联运单程缩时在20天以上，而运输成本仅为空运成本的1/5。与其他城市中欧班列相比，运输效率也相对较高。

### 4.1.4 渝新欧班列发展特点

渝新欧开行以来不断创新发展，2018年获评“2017—2018中国最具创新力品牌企业”荣誉称号。其主要特点如下：

1. 物流模式及线路不断创新

（1）运输监管向数字化方向发展。2016年7月，渝新欧试点物联网应用——全球首个基于窄带蜂窝物联网（NB-IoT）的智慧物流试点验证项目在重庆西部现代物流园成功实现终端与网络的连接，这标志着在渝新欧班列上运送货物的安全性将大幅提升，货主通过手机就可实现全程监控。

（2）不断探索多式联运发展模式。2017 年 2 月 26 日，中新（重庆）战略性互联互通示范合作项目集中签约仪式在北京举行，渝新欧公司与新加坡环通物流签署多式联运合资合作项目。2018 年 4 月 5 日，重庆首次实现空陆联运波音 737 飞机引擎，渝新欧和 YPL 公司助力重庆多式联运再获新突破。同年 5 月，渝新欧、YPL、老挝企业代表签署物流框架合作协议，为未来重庆和老挝在物流领域的合作奠定了基础。

（3）恒温物流运营逐步优化。往返欧洲的班列，沿途温差大，低温达到零下 40 摄氏度。为了保证电子产品运输质量，2012 年 3 月，渝新欧取得低温运行实验重大突破，发明了恒温集装箱，为班列远距离运输奠定了基础。恒温运输逐步优化，进而开创了冷链物流。2017 年 10 月，渝新欧班列将药物用冷链成功抵渝；2020 年 1 月，出口蔬菜冷链运输测试成功；2020 年 6 月 19 日，云南杧果冷藏集装箱发往俄罗斯莫斯科。



（4）运输路线不断优化。渝新欧班列拥有重庆团结村中心站和果园港鱼嘴站，是我国第一个双站发运的班列。另外，为了应对 2020 年新冠疫情带来的国外路段交通拥堵现象，渝新欧班列绕开马拉舍维奇场站，开通了经俄罗斯加里宁格勒、波兰斯堪达瓦至德国的班列，以及重庆直达乌克兰基辅的班列。

2. 通关便利化程度高

（1）采用安全智能贸易通关模式。2013 年 7 月，渝新欧班列正式启动中欧安全智能贸易航线试点计划，显著提升了通关效率。沿途各国海关一路绿灯，货物在口岸滞留时间仅占全程运输时间的 17%，远低于传统亚欧大陆桥 30% ~50% 的货物滞留时间，显著提升了班列的通关效率。

（2）开创“关铁通”模式。渝新欧班列完成“关铁通”项目首次测试，全程运行顺畅，通关便捷，取得圆满成功。“关铁通”项目是将集装箱货物的相关信息写入安全智能锁内，沿线进口国海关不需要实施开箱侵入式查验，便可直接读取集装箱上加挂的安全智能锁查验图像和数据，从而提升通关效率。

（3）开创“铁路快通”转关模式。2021 年 9 月，首列以“铁路快通”模式开行的渝新欧班列通关进境。该模式是指企业向铁路部门提交舱单数据，铁路运营企业根据需要，向海关提出快通业务申请，并按规定提前传输铁路舱单电子数据，企业则无须再在进境口岸办理转关手续。在原口岸通关模式下，每一趟班列至少要办理 40～50 单转关手续，在该快通模式下，无须再在进境口岸办理转关手续，班列进出境的通关时间压缩了 80% 以上，企业还可就近在重庆海关办理舱单管理、归并、修撤等业务。

（4）重庆口岸通关服务水平高。优化通关流程，实行“7×24 小时预约通关”和“随到随查”。



3. 整车运输模式成型

重庆是第一个获批内陆汽车整车进口口岸的城市，渝新欧深耕整车运输高品质发展，着力打造辐射西南、面向全国的整车进出口集散中心，逐渐形成以德国杜伊斯堡为中心，以奔驰、奥迪、宝马、路虎等 17 个主流一线汽车品牌为主的整车进口运输格局，并探索新能源汽车的运输试点。在渝新欧班列的带动下，奥迪整车进口项目在重庆落地，保时捷进口整车项目逐渐常态化运行。截至 2021 年 9 月，重庆中欧班列铁路运输整车近 2.5 万辆，累计货值已经突破 100 亿元大关。

### 4.1.5 渝新欧班列开行的意义

1. 唤醒了沉睡的古丝绸之路

渝新欧班列的开行具有重要的战略意义，是唤醒中欧贸易的“黄金走廊”，让这条古丝路通道再度焕发出新的生机。因此对渝新欧班列价值的认识，不仅仅局限于货物的流向，它还是亚欧文化交流、投资、贸易、电商运营的重要载体，成为中欧区域合作的纽带，同时是丝绸之路经济带的有机组成部分。

2. 改变了欧亚大陆物流格局

从渝新欧班列开行效果来看，它将新欧亚大陆桥有效延伸到了中国西南、华南及华中地区，触角伸向了东南亚。可以理解为，渝新欧班列在一定程度上改变了整个欧亚大陆的物流格局。渝新欧班列作为开创者，提供了大量可复制推广的经验，也是目前中欧班列中服务质量最好、国际认可度最高和影响力最大的班列。可以说，渝新欧班列已经成为中欧班列的代表和品牌。

3. 带动了重庆地区经济的发展

渝新欧班列是公认的中国最资深、最成熟的中欧班列，已经成为重庆践行“一带一路”倡议的重要抓手，使重庆从内陆城市升级为国际口岸城市，成为内陆城市第一开放高地。

（1）口岸物流体系逐渐形成。依托中欧班列，重庆的口岸物流体系逐渐成形，形成了以港口、铁路、机场三大区域型交通枢纽为基础，以水运、铁路、航空 3 个国家一类开放口岸为支撑，以两路寸滩保税港区、西永综保区、江津综保区、涪陵综保区 4 个海关特殊监管区域和 3 个保税物流中心（B 型）为载体的开放平台。全球最大的集装箱运输公司马士基、全球最大的工业及物流基础设施提供商和服务商美国普洛斯公司等国际物流巨头亦纷纷在重庆布局。通过这个开放平台，提高了重庆物流枢纽的中转分拨能力，打造了快速、便捷、成本低廉的多式联运体系。

（2）带动产业聚集效果明显。渝新欧班列作为国际铁路联运大通道，在一定程度上成为聚集更多高端产业的运输平台。截至 2017 年年末，已有惠普、宏碁、华硕等 263 家世界 500 强企业在重庆落户，实际利用外资连续 5 年超过 100 亿美元，有力地支撑了重庆 IT、汽车、跨境电子商务和转口贸易的快速发展。

（3）带动了地区经济的发展。渝新欧班列的开行，为重庆在招商引资方面增添了一个重量级的筹码，带动了地方经济的发展。由图4－3可以看出，重庆的进出口贸易额从2010年的将近75亿美元发展到2020年的511亿美元，增长了近6倍，且2011—2014年外贸额飞速增长。重庆的经济在2010—2020年呈直线增长态势，从8065亿元增长到25002亿元，提高了2倍多。连续5年来，重庆实际使用外资都达到100亿美元，进出口及加工外贸排在内陆第一的位置，使重庆从一个远离海洋的内陆城市升级为国际口岸城市，成为内陆城市第一开放高地。

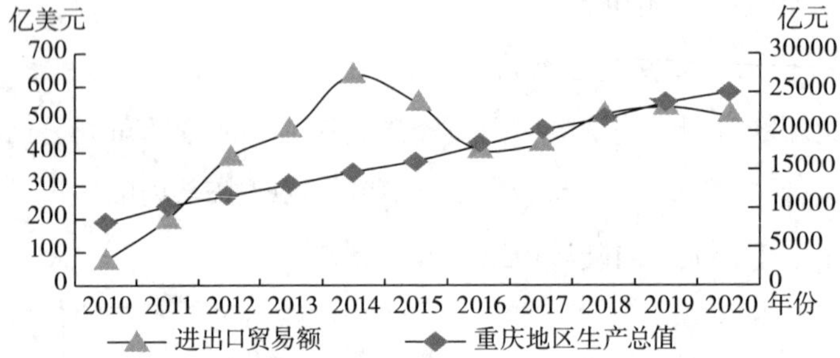


**图4－3 重庆外贸及生产总值发展状况**

资料来源：《重庆统计年鉴》。



## 4.2 郑欧班列

### 4.2.1 郑欧班列概念及运营主体

1. 郑欧班列的概念

郑欧班列（Zhengzhou－Europe Block Train，ZIH），是指以郑州为始发点开出的国际班列。2013年7月18日，第一列由郑州出发、经新疆阿拉山口或霍尔果斯，开往德国汉堡的中欧班列开出时，取名为“郑新欧”班列，它是我国第四个内陆城市开出的中欧班列。2013年12月3日，郑州开出经内蒙古二连浩特口岸出境，运往俄罗斯的班列，实现了多口岸运营。由此，郑新欧班列改称郑欧班列。

2016年，统一中欧班列品牌后，郑欧班列被统一命名为中欧班列

（郑州），车次为80001。但为了提高班列识别度，郑欧班列的叫法仍在使用中。郑欧班列运输效率高，主干线郑州到德国汉堡，全程运行时间为11～15天，比海运节约20天左右，比空运节约资金80%。

2. 郑欧班列的运营主体

郑欧班列的运营主体是郑州国际陆港开发建设有限公司（以下简称“郑州陆港公司”）。该公司是由河南省委省政府、郑州市委市政府、郑州经济技术开发区管委会和河南物资集团公司于2013年联合组建，系负责郑州国际陆港对外开放平台运营和郑欧班列陆路国际物流运输的公司。公司的宗旨是将郑欧班列建设成联通境内外、辐射东中西的物流通道，推动郑州、河南乃至整个丝绸之路的经贸往来。经过多年的发展，该公司已建设成融国际多式联运、国际贸易、跨境电商、物流科技研发、物流金融等于一体的综合性大型现代国际物流企业，其特点具体如下：

（1）公司在国内多个城市设立分支机构揽活。为招揽郑欧班列往返程货源，郑州陆港公司先后在深圳、广州、上海、宁波、北京、天津、青岛、大连8个城市设立了52个办事处，全面开展郑欧班列散货拼箱和回程班列快速分拨等业务，并与各类运输公司签约，委托揽货发往郑州。公司也与中国邮政集团达成合作共识，将承运我国华北、东北、华东地区的国际邮政运输。

（2）公司在国外设立多个分支机构服务于班列。为了推动货物在运输途中快速通关，郑州陆港公司在国外多处开设分支机构，在德国设有分公司，在波兰、白俄罗斯、韩国等国家设有办事处，在汉堡、华沙、布拉格、杜伊斯堡、巴黎、米兰等城市有专门的仓库、堆场及报关行。公司能为客户提供国内外“门到门”式提货、配送、运输、仓储、分拨、报关报检、金融等一体化物流服务。

（3）公司走运贸一体化之路。郑州陆港公司在推动郑欧班列发展的同时，不断做大做强，打造了一支精通英、俄、德、韩等多语种的涉及国际经贸、国际金融、国际物流、计算机软件开发等方面的专业团队。在拓展多式联运的同时，积极走“以运带贸，运贸一体”发展之路，依托郑欧班列遍布欧洲、中亚和日韩等地区的业务网络，与“一带一路”沿线国家300多家制造商、贸易商建立直接合作关系。通过直采、直运、全程冷链溯源方式，推出“郑欧进口商品”品牌，其主要货品包括乳制品类、休闲零食类、酒类、冲调果饮类、粮油类等，并通过线上“班列购”线下加盟店、代理商销售。对于门店，郑州陆港公司提供可靠的进口货源，统一装修风格，统一库存管理，统一价格体系，后台系统支持。

（4）公司不断推进智能购之路。郑州陆港公司自主研发了无人售货智能超市，通过点击“班列购”无人售货终端，屏幕上立刻显示出五花八门的商品信息，再点击想要购买的商品即能实现轻松购物。既可以扩大商品销售范围，又能节省人工成本。智能超市24小时营业，顾客可以尽享高科技带来的生活便利。近年来，正在形成以郑州为中心并快速向周边省份辐射的格局，改变了过去进口商品从沿海向内陆分拨的销售路径。



在国家推进“一带一路”建设的背景下，郑州陆港公司正积极推动郑欧班列和郑州国际陆港成为河南省对外开放的一张亮丽名片，为推动河南陆上丝绸之路建设，构建内陆对外开放经济高地增砖添瓦、贡献力量。

### 4.2.2　郑欧班列发展历程

2013年7月18日首趟郑欧班列开行，从郑州出发，途经哈萨克斯坦、俄罗斯、白俄罗斯、波兰，最终抵达德国汉堡，用时11天半。历经两次转关、两次换轨，全程10214千米。所承运的货物来源于长三角、珠三角、京津冀渤海经济圈等全国一半的省份，设定每月开行1次。同年11月，郑欧国际班列改周班，每周开行1次。

2013年12月，郑欧开往德国的班列，经二连浩特出境，在蒙古国达蒙乌镇第一次换轨，途经蒙古国、俄罗斯、哈萨克斯坦、白俄罗斯，在白俄罗斯杜列斯特转关，与原阿拉山口线重叠，再经俄罗斯、波兰到达德国。这标志着郑欧班列第二个出境口岸正式建立，实现了多口岸运营。

2014 年 9 月 1 日，郑州首班回程班列从汉堡比尔外德车站发车，这标志着郑欧回程班列开始迈向常态化运行。

2015 年 7 月，郑欧班列增开了郑州—阿拉木图、郑州—莫斯科等线路。郑欧班列成功实现每周三、周五各有一趟列车，准时从郑州发车至汉堡，每周四、周六各有一趟列车，从汉堡发车至郑州，实现了每周两班平衡往返常态化发展。

2015 年 12 月 12 日，郑欧班列首列从哈萨克斯坦阿斯塔纳开出的运载粮食的回程班列，顺利运抵郑州铁路集装箱中心站，为郑州进境粮食指定口岸正式运营奠定了坚实基础。

2016 年 1 月 18 日，郑欧商城首次进口的商品搭载郑欧班列抵达郑州，并在“郑欧商城”（www. zosc. com）上架销售，这标志着郑州国际陆港“运贸一体化”发展战略进入实战阶段。郑欧商城是郑欧班列主体运营平台郑州陆港公司花费近两年时间打造的电商平台，其目标是借助郑欧班列将欧亚优质商品运回国内销售，实现班列与平台的协同发展。

2016 年 11 月 18 日，郑欧班列首次运载 80 辆路虎、宾利飞驰等整车进口专列顺利抵达郑州，它标志着郑州口岸成为全国 22 个汽车口岸之一和口岸平台功能的进一步丰富。

2017 年 7 月 13 日，郑州陆港公司研创恒温集装箱，构建长运距全程冷链物流系统，能实现上万千米以外的冷链物流配送，同时大力发展跨境电商、进出口贸易、汽车整车进口、粮食进口、国际运邮、冷链物流等特色口岸经济，成为全国冷链物流百强企业。

2017 年 8 月 21 日，郑州开往慕尼黑的班列从郑州铁路集装箱中心站开出，该线路覆盖德国南部及欧洲南部等地区，该线路的常态化往返均衡对开，标志着线路多元化再上新台阶。

2017年12月25日，郑欧班列累计完成了1000班的运输，实现了每周“去八回八”的目标，省内货源仅占20%、省外货源占80%。班列网络已遍布欧盟和俄罗斯及中亚地区24个国家、121个城市，国内服务企业300余家，合作伙伴1700多家，境外合作伙伴达780多家，承运进出口货物种类达1300多种，其中冷链物流运货量占10%。

2018年5月18日，郑州开往中亚的装载机械设备、配件的货运班列，从郑州圃田集装箱中心站开出，它标志着郑欧班列的分支线路中亚班列（郑州）正式开通。

2018年11月20日，国际邮包首次搭载郑欧班列从郑州国际陆港出发，开往波兰马拉舍维奇，这标志着郑欧班列开启运邮业务常态化发展，成为中部省份运邮的第一个试点城市。

2018年12月7日，中欧班列（郑州）至东盟越南国际货运线路正式开通，这趟中欧班列将一路向南经广西凭祥口岸出境后，抵达越南河内。



2019年1月15日，越南河内至德国汉堡首班过境中转班列顺利抵达郑州，这标志着中欧班列（郑州）有了连通东盟与欧洲的“加长版”班列。此线路在常态化开行的基础上实现了新突破，有效提升了郑州中欧班列集结中心的枢纽集散能级，有助于进一步辐射带动东盟国家与中国和欧洲各国实现高效合作，推动贸易便利化，实现产业链、供应链的深度融合，增强国内国际经济联动效应。

2019年3月2日，郑州陆港公司运营的跨境电商“菜鸟号”专线，从圃田站出发驶向比利时列日省，开启了郑欧班列与阿里巴巴“菜鸟号”跨境电商强强联手共进，协同创新发展的局面。

2019年4月3日，郑欧班列累计开出2000列，构建了以郑州为中心，辐射欧洲、中亚、日韩、东南亚的贸易“金三角”，境外辐射24个国家、126个城市。

2019年7月25日，郑欧班列经由内蒙古满洲里口岸出境，驶向德国汉堡，至此郑欧班列出入境口岸增至6个，境外目的站点增至7

个。6 个入境口岸分别是欧洲线路的西线新疆阿拉山口、中线内蒙古二连浩特、东线内蒙古满洲里、东北线黑龙江绥芬河，以及中亚线路新疆霍尔果斯、东盟线路广西凭祥。7 个境外目的站点包括 4 个欧洲目的站德国汉堡、德国慕尼黑、比利时列日、俄罗斯莫斯科，2 个中亚目的站哈萨克斯坦阿拉木图、乌兹别克斯坦塔什干，东盟越南河内 1 个目的站。郑欧班列通过 6 个入境口岸和 7 个境外目的站点，构建了河南连通欧洲、中亚和东盟及亚太地区的国际物流大通道。

2019 年 12 月底至 2020 年 1 月初，郑欧进口商品直营店在平顶山园林路、宝丰、周口扶沟、大庆肇州、浙江上虞、商品鹤壁淇县相继开业，助推郑欧班列运贸一体化成果发展壮大。

2019 年 12 月，郑欧班列“一干三支”“铁海公”多式联运示范工程项目通过交通运输部验收授牌，正式命名为“国家多式联运示范工程”。

2020 年 2 月 28 日，首趟进口运邮班列运抵郑州，这是继 2018 年 11 月 20 日郑欧班列国际运邮去程常态化之后首次回程，标志着郑州进口邮件试点全线往返贯通，国际邮件陆路运输通道实现往返开行。

2020 年 4 月 28 日，郑欧班列累计开行 3000 列，运送总货值达 127.48 亿美元，总货重为 154.71 万吨，国内集装箱还箱点增至 53 个，国外集装箱还箱点增至 46 个，物流网络遍布欧盟、俄罗斯及中亚 30 多个国家、130 个城市，境内外合作伙伴达 5000 家。

2021 年 1 月 15 日，越南河内至德国汉堡首班过境中转班列装载越南电子类产品抵达郑州，这不仅有效提升了郑州中欧班列集结中心的枢纽集散能级，而且标志着中欧班列（郑州）有了连通东盟与欧洲的“加长版”。

2021 年 1 月 21 日，由波兰卡托维兹发出，途经俄罗斯、哈萨克斯坦，自阿拉山口入境，直达铁联集郑州中心站的郑欧班列顺利开行，这标志着郑欧班列波兰新线路成功开通，境外目的站城市增至 9 个，新增了芬兰赫尔辛基、波兰卡托维兹，国际直达线路达到 9 条。

该线路的开通有助于加强我国与波兰及周边国家包括捷克、斯洛伐克和匈牙利等区域的贸易合作，为拓宽欧洲市场，丰富贸易通道，提供了更加便利的物流支撑。

2021 年 7 月 16 日，自意大利米兰始发的郑欧班列抵达郑州，其境外目的站点增至 10 个，为南欧线路的开拓奠定了基础。同时，郑欧班列形成了覆盖欧洲、俄罗斯、中亚、东盟和亚太（日韩等）的物流网络，概括为“六口岸、十站点”，初步形成“连通境内外”的国际通道线路。

2021 年 10 月 6 日，郑欧班列累计开行 5000 班，累计货值已达 205.89 亿美元，总货重为 285.19 万吨。形成每周去程 16 班、回程 18 班的高频次往返状态，境内外合作伙伴逾 6000 家。

### 4.2.3 郑欧班列发展现状

1. 班列开行增长速度快



（1）从纵向看班列总量逐年增长。2013 年郑欧班列开行当年，班列开出了 13 列，之后几年，班列开行量平稳增长，2016 年达到 251 列。2017—2019 年，增速加快，平均每年增开量达到 288 列。2020 年开出 1126 列，但受新冠疫情的影响，贸易量减少，增速有所放缓，见图 4－4。

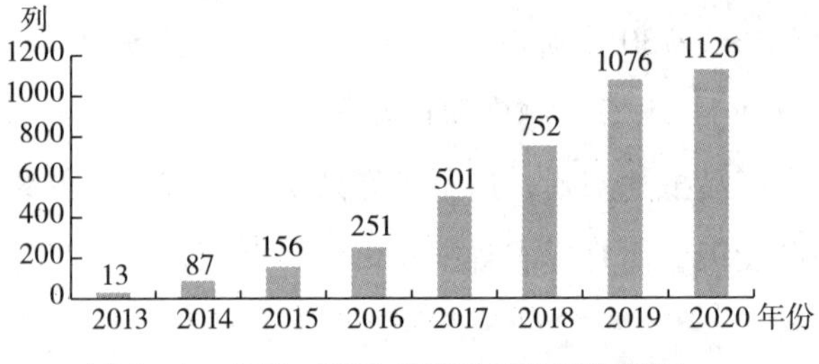


**图 4－4　2013—2020 年郑欧班列开行情况**

资料来源：根据郑欧班列运营平台官网和新闻报道整理而得。

（2）郑欧班列往返常态化。郑欧班列于 2014 年开出返程列车，由图 4－5 可以看出，返程班列数量逐年增长，由 2014 年的 43 列增长到2019年的449列，年增长量超过81列，其中2015年、2017年的往返班列数量几乎平衡。虽然2018年后往返班列数量差距逐渐拉开，2020年因新冠疫情导致回程班列数量减少，仅为2019年的87.5%，但是自2021年以来，回程班列全面恢复，从开行之初平均每月1班增长到目前每周去程16班、回程18班的高频次往返状态。

**图4-5 2013—2020年郑欧班列双向开行情况**

资料来源：根据郑欧班列运营平台官网整理而得。



自2013年首班开行至2021年8月31日，郑欧班列累计开行4850班，累计货值达200亿美元，总货重为276万吨。2021年上半年，郑欧班列开行439班，其中去程285班、回程154班，货值17.83亿美元、同比增长6%，货重27.72万吨、同比增长17.8%。郑欧班列在开行频次、满载率、单班货值货重方面明显提升，开行质量达到历史较高水平。

2. 开行线路格局已经形成

经过近10年的发展，郑欧班列形成了覆盖欧洲、俄罗斯、中亚、东盟和亚太（日韩等）的物流网络，初步形成“连通境内外”的国际通道线路，在境外，以德国汉堡为核心，以巴黎、米兰、布拉格、杜伊斯堡、华沙、阿拉木图以及沿途换装车站点的波兰马拉舍维奇、白俄罗斯布列斯特、蒙古国的扎门乌德等地为二级集疏中心，集疏网络遍布欧盟、俄罗斯及中亚地区的22个国家、112个城市。内外双雄，以郑州和汉堡为核心的双枢纽集疏格局初步形成，“哑铃型”的贸易结构使郑欧班列实现了正常的“钟摆”。主要特征可概括为

“六口岸、十站点”。

六口岸。此处所说的6个口岸指的是郑欧班列出入境的口岸，其中欧洲线路为主体运行线路有4个出入境口岸，分别是西线新疆阿拉山口、中线内蒙古二连浩特、东线内蒙古满洲里、东北线黑龙江绥芬河；中亚线路经新疆霍尔果斯出入境；东盟线路由广西凭祥出入境。中欧班列通过6个口岸构建河南连通欧洲、中亚和东盟及亚太，包括日、韩等国在内的国际物流大通道。

十站点。此处所说的站点指的是位于国外，为组织货源并作为始发点开出郑欧班列的城市。发展到目前，十站点有7个位于欧洲，分别是德国的汉堡、慕尼黑，波兰的马拉舍维奇、卡托维兹，比利时的列日，意大利的米兰，俄罗斯的克拉斯诺亚尔斯克；有2个位于中亚，分别是哈萨克斯坦的阿拉木图和乌兹别克斯坦的塔什干；最后1个是位于东盟的越南河内站。



3. 货源分布地区广

郑欧班列货源主要来自中转物流，省内货源只占20%，省外货源占70%，日、韩等国外货源占10%。2020年郑州班列成为全国5个中欧班列集结中心城市之一。

（1）国内货源。郑州开行的中欧班列货源已经覆盖珠三角、长三角、环渤海、东北老工业基地等经济圈，货源超过中国3/4的省份。集货半径超过了1500千米，辐射范围达2000千米。直接服务的企业有300多家，合作伙伴达到1700多家。其中，河南本地的货物只占1/3，更多的是广东、浙江、福建的货物。富士康生产的苹果手机也是从郑州运往全球各地。得益于郑州四通八达的地理区域优势，线下销售网络已经扩展到了河南的洛阳、南阳、驻马店、周口等多个地级市。

（2）国外货源。国外货源以来自韩国、日本的中转货物为主，货品从韩国、日本起运过境，经连云港港口运至郑州铁路口岸，再通过郑欧班列，经阿拉山口口岸出境运往欧洲。依托海关总署设立的郑州多式联运监管中心，郑州已成为日、韩、中国香港、中国台湾等地与欧洲贸易的中转走廊。货物种类涵盖传统轻纺类产品，汽车配件、工程机械、医疗器械等工业产品，以及笔记本电脑、移动硬盘等电子类产品。

### 4.2.4 郑欧班列发展特点

1. 推出“门到门”服务

郑欧班列2014年率先推出“门到门”的货运新理念。郑州陆港公司建立了物流网络，记录客户货物的出口量、目的地、货物类型，在签订物流订单后，指派车队拉着空集装箱上门。在国外有合作公司，货物到目的地后，合作公司通过安排自己的货运车辆，完成“最后一公里”，送货上门。虽然客户要为此专门付一笔费用，但客户的总体成本降低了。

目前，“门到门”服务已经布局建设安阳、洛阳、商丘等中欧班列二级业务网点，加强省际省内班列合作、畅通枢纽与网点间循环，企业可以在“家门口”搭乘中欧班列做国际买卖。未来河南省会有越来越多的城市加入二级业务网点群体。挖掘向西潜力，放大向东优势。目前，郑州铁海快线班列构筑起了郑州至上海洋浦港、青岛港、连云港、天津港、宁波港之间的经济快捷、低碳环保的物流大通道。据统计，截至2021年9月15日，郑州铁海快线班列2021年办理量达到14519标准箱，把“门户”搬到家门口，郑州借港出海、货通全球。

2. 打造了“班列购”

为了筹集郑欧班列回程货源，郑州陆港公司开启了郑州“班列购”。“班列购”是郑欧班列下属贸易公司建立的，是依托郑欧班列国际物流快速通道及自有跨境电商通关平台而开发的，集批发、零售于一体的B2B2C电商平台进口货物选购平台。“班列购”是指从沿线国家采购特色商品，借助郑欧班列运到郑州，通过线上“班列购App”

或官网（http：//www.banliego.com/），采用直采、直运、直营模式展销商品的一种购买方式。产品以真、快、鲜为特色，源头直采，国内全渠道同步销售，全程冷链直运，恒温仓储，班列运输。其主要产品从德国、白俄罗斯、波兰、法国等欧洲国家进口，通过中欧班列（郑州）运输到国内。产品主要包括美妆个护、母婴精品、食品饮料、生活家具、营养保健、轻奢饰品等类。

"班列购"致力于发展成为世界地域标志性产品的电商平台，也欢迎进口商品商家以及各地名优特色产品生产企业入驻。除了引进丰富的进口商品，"班列购"还直接与国内名优特产生产企业合作，将安阳腐竹、焦作山药、灵宝苹果、三门峡香菇等优质的地方特产带给消费者，让消费者能享受来自中国各地最地道的特产。

作为专业的B2B2C电子商务平台，"班列购"完善的线上交易流程、良好的客户口碑吸引了众多国内外企业入驻，通过"班列购"电商平台建立起直面消费者的商品展示、交易渠道。



3. 打造"郑欧班列+跨境电商"发展模式

依托"班列购"电商平台，广揽天下货。郑州跨境贸易电子商务试点搭建网上丝绸之路，网络遍布欧盟和俄罗斯及中亚地区30多个国家、130多个城市，境内外合作伙伴逾6000家，在俄罗斯、比利时、美国、匈牙利、澳大利亚、德国6个国家建设海外仓，出口业务收件人遍及73个国家和地区，进出口单量和交易额在全国试点城市和跨境综试区中保持领先地位。对电商产品积极采用"9610"监管方式，催生出了"郑欧班列+跨境电商"的独特联运模式，更多的进出口货源搭乘郑欧班列，推动了郑欧班列持续加密开行，初步实现"连通境内外、辐射东中西"境内外物流网络布局。如今，郑欧班列载货品种包括汽车整车、飞机材料及零部件、IT产品、机电产品、医疗器械、高档食品、化妆品等，多达1300多种。

4. 通关便利化程度不断提高

郑州陆港公司积极实施陆港E贸通工程，以互联网手段，为企业提供通关、运输、保险、码头、外汇、退税、担保、融资等全流程的进出口服务，有效地解决了外贸企业经营成本高、诚信认证缺失及贸易融资难等问题。公司有报关报检团队，第一时间申报清关，最大限度地缩短了关检查验的时间；销售形成订单之后，物流人员立刻安排快递、物流配送，最快地将商品送至客户手中。郑欧班列是较早开展多式联运的中欧班列之一。

5. 智能化服务水平不断提升

郑欧班列着力打造智能服务品牌，物流服务越来越精细，附加值不断提升。

（1）集装箱特色化。郑州陆港公司针对货物的特性，研制出各种高效便捷的集装箱，有冷藏恒温集装箱、开顶箱、挂衣箱等。白色的冷藏恒温集装箱箱体外装有空调压缩机，可以控制箱内温度，还设有柴油箱和充电设备，为空调压缩机提供动力。油箱容量为 400 升，可满足空调压缩机 24 小时全天候运作，运作时长在 17 天左右，很好地解决了沿线温度高低不同对货物造成的不良影响。开顶箱是顶上开门的集装箱，便于从上方吊装和吊卸货物，提高了运输效率。挂衣箱是把“挂衣杆”直接焊在箱里的集装箱，做成专用“挂衣箱”，主要用于悬挂从欧洲向中国进口来的高档成衣。

（2）数字化发展明显。郑欧班列走在了“数字班列”的前列。自主开发了中欧多式联运综合服务信息平台、冷藏箱智能远程控制系统、物流园智能化系统、集装箱 GPS 系统、车载 GPS 系统、企业园区智能化管理系统、“陆港云”服务平台、防伪溯源中心、云数据中心以及园区无人驾驶系列装备，初步建成郑州国际陆港自成体系的网络科技信息平台。围绕多式联运行业市场需求，开发了“箱行亚欧”平台，具有信息发布、网上交易、供应链协同管理、金融服务、物联网应用等功能。通过“箱行亚欧”平台的应用，企业可整合车、箱、货等物流资源，降低企业物流成本，提升企业工作效率。

### 4.2.5 郑欧班列开行的意义

1. 为丝绸之路的经济发展注入活力

中欧班列是一条连通郑州到欧洲、沟通世界的国际铁路物流大通道。国际欧亚科学院院士、中国科学院地理科学与资源研究所研究员毛汉英认为，河南正处于新亚欧大陆桥的咽喉位置，郑欧班列的开行对丝绸之路经济带而言具有重要意义。在郑欧班列的倒逼下，郑州建设大枢纽、发展大物流，逐步将郑欧班列打造成联通境内外、辐射中东西的物流通道枢纽，为丝绸之路经济带建设增添新活力。“十三五”期间，河南正在全力打造集铁路、公路、航空、内河航运、海港和运输管道为一体的海陆空协同枢纽体系，衔接多种运输方式，辐射更多的区域，巩固和发展郑州客、货转运中心的地位，发挥引领作用。

2. 促进郑州经济发展



郑欧班列打通了经济发展的大通道，助力郑州建设国家中心城市，加快河南融入国家“一带一路”建设的步伐。在郑欧班列的带动下，郑州已经成为中国中部、西北、华北、东北地区货物的主要集散地和中转站，大大促进了郑州经济的发展。

（1）郑欧班列的开行促进了郑州市外贸的发展。一方面，郑欧班列的开行，提高了郑州出口欧洲和中亚地区的传统贸易的运输效率，有助于促进外贸发展；另一方面，郑欧班列跨境电商专线的开行，推进了郑州陆港公司“运贸一体化”战略升级，丰富了郑欧班列陆上丝绸之路建设内涵，推动了郑州市数字贸易的发展。2013—2020 年郑州市外贸总体呈上升趋势，见图 4－6。2013 年郑州外贸总额为 4274948 万美元，发展到 2020 年，增加到 7171398 万美元，年均增速为 7.6%。

（2）郑欧班列带动产业聚集效果明显。班列的聚集效应主要体现在两个方面：一方面，郑欧班列的开行，提升了郑州市枢纽中心的功能，带动了地区枢纽经济的发展，吸引许多国内外大型物流公司，如

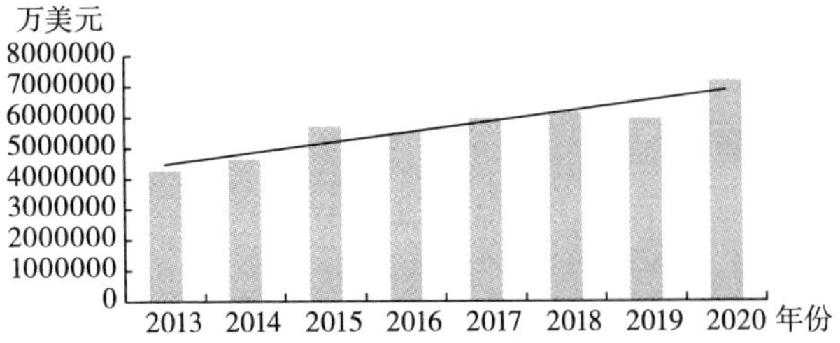


**图 4 - 6　2013—2020 年郑州外贸发展情况**

资料来源：《郑州统计年鉴》。

丹马士、DHL、易浦、中远、中海等国内外知名企业入驻郑州，并在此建立分拨中心，助力枢纽经济的发展；另一方面，带动了产业的聚集。在郑欧班列的带动下，吸引了大量外商在郑州投资，2013—2020 年郑州实际利用外商投资呈上升趋势，见图 4 - 7。2013 年郑州实际利用外商投资为 332178 万美元，发展到 2020 年，增加到 465851 万美元，年均增速为 4.9%；同样，国内也有一些企业为了获取班列运输的红利入驻郑州。

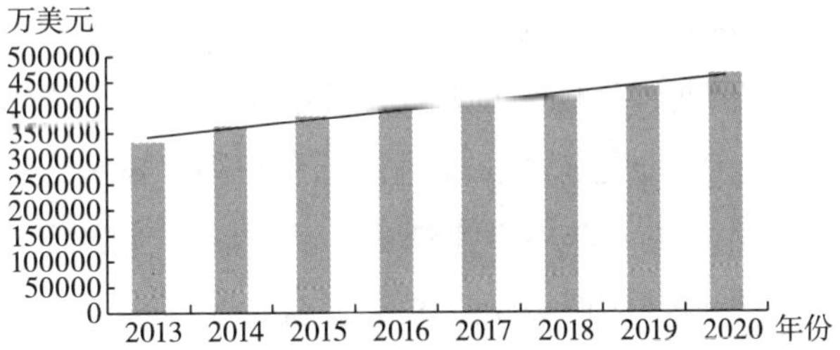


**图 4 - 7　2013—2020 年郑州实际利用外商投资情况**

资料来源：《郑州统计年鉴》。

（3）促进郑州市生产总值快速发展。2013 年班列开通以来，年平均增长率保持在 8% 左右，高于全国平均水平。2020 年，尽管受新冠疫情的影响，但郑州地区生产总值不降反增，达到 12003.0 亿元，同比上涨 3%，见图 4 - 8。

郑欧班列的开通，促进了郑州经济的全面发展，打造了继重庆之后，又一个内陆对外开放高地，不仅进出口、利用外资发展快，而且

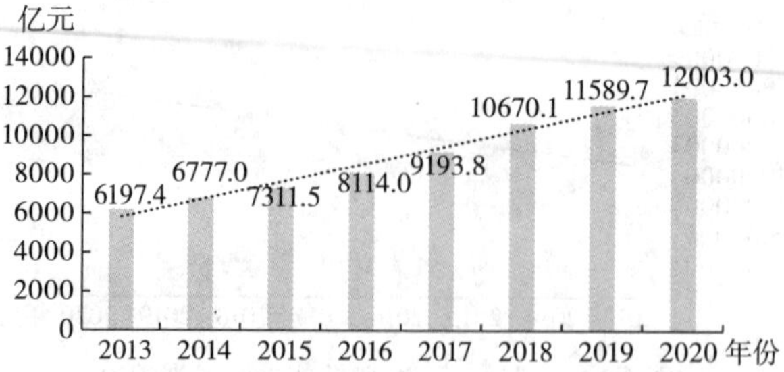


**图 4-8　2013—2020 年郑州生产总值发展情况**

资料来源：《郑州统计年鉴》。

带动了整个郑州经济的发展，生产总值保持高位增长。

## 4.3　西新欧班列

### 4.3.1　西新欧班列概念及运营主体

1. 西新欧班列的概念



西新欧班列是指由西安开出的，途经新疆，直达欧洲的国际货运班列，后统指从西安开出的国际货运班列。又因出境口岸不局限于阿拉山口和霍尔果斯，而且丝绸之路的起点位于长安，古代的长安城就是现今的西安，因此冠名“长安号”国际班列（Central European Express Chang'an）。2016 年中欧班列统一品牌后，“长安号”班列被统一命名为中欧班列（西安），其英文名称为 China Railway Express（XI’AN），标志见图 4-9。为了简便，目前非正式场合，多使用“长安号”班列这一名字。

中欧班列（西安）
CHINA RAILWAY Express (XI' AN)

**图 4-9　“长安号”班列国际品牌标志**

2. 西欧班列的运营主体

“长安号”班列的运行主体是西安陆港大陆桥国际物流有限公司，该公司成立于2012 年4 月5 日，系由西安国际港务区管委会、连云港港口集团、陕西东方快车物流有限公司三方组建并成立的合资公司。公司注册资金为2500万元人民币，自有集装箱堆场达5万平方米，20英尺超高集装箱有1000只，集装箱运输车辆有20台，挂靠车辆有30多辆，保税区仓库达1000平方米。主要开展国际、国内货运代理，海铁联运，国际铁路联运，“长安号”国际货运班列，集装箱堆存，保税区仓储，配送分拨等业务。

公司依托陕西与哈萨克斯坦的良好合作关系，凭借“长安号”国际货运班列，从事丝绸之路经济带贸易物流业务，深入实施中国向西开放战略，构筑物流黄金大通道，并与哈铁快运股份公司签署合作备忘录。西安国际陆港集团联运公司是“长安号”的主要运输公司，在经营方式上，西安国际港务区创造性地借鉴了PPP模式，确定了“全面市场整合，一企一专”的经营理念，让实力雄厚的物流公司共同参与列车的运营。目前，包括陆港多式联运公司在内的许多企业已与西安国际港口管理委员会在列车运行方面进行了深入合作，并正在尽最大努力促进列车的加密运行，创建一个新的物流枢纽节点。



俄罗斯—西安的线路班列，由招商局新丝绸之路供应链管理有限公司运营，该路线经二连浩特港进入，进一步完善了西安港通道系统，打造了中欧班列中通道。此外，“日通专列”是“长安号”中欧班列与日本合作开通的特殊专列，为推动“日通专列”的正常运行，招商局新丝绸之路供应链管理有限公司进一步与西安国际港口管理委员会合作，以开放并继续加强中欧快递西安—白俄罗斯专线的运营。

### 4.3.2 “长安号”班列发展历程

1. 开创性事件

2013年11月28日，“长安号”中亚货运班列开行，“长安号”班列从西安国际港务区出发，前往哈萨克斯坦的阿拉木图，运行6天。

2014年12月28日，“长安号”班列从西安国际港务区的新筑站始发，经阿拉山口转关，在哈萨克斯坦多斯科特站分拨，目的地分别为哈萨克斯坦、乌兹别克斯坦、吉尔吉斯斯坦和土库曼斯坦 4 个国家，分别在巴普洛达尔、梅捷乌、科斯塔纳伊、奇姆肯特、塔什干、谢尔盖利、阿拉梅金、丘库尔赛和法拉普 9 个站点停靠。该班列的开行开启了西安到中亚的“集装箱 + 整车”混合的运行方式。

2016 年 9 月 2 日，开往德国汉堡的国际班列，首次从新筑站发出，从阿拉山口口岸出境，沿途经过哈萨克斯坦、俄罗斯、白俄罗斯、波兰，全程采用集装箱班列，历时 15 天，行程约 9745 千米。

2016 年 8 月 18 日，“长安号”班列首次开出直达波兰华沙的班列，由新筑站发出，经过阿拉山口口岸出境，沿途经过哈萨克斯坦、俄罗斯、白俄罗斯，全程采用集装箱班列，历时 14 天，运行约 9048 千米。

2016 年 12 月 6 日，“长安号”班列首次开出直达俄罗斯莫斯科的班列。班列从新筑站始发，经过阿拉山口口岸出境，途经哈萨克斯坦，最终抵达莫斯科，班列运行全程约 7423 千米，历时 13 天。



2017 年 4 月 1 日，“长安号”班列首次开出直达匈牙利布达佩斯的班列。班列从新筑站始发，经过阿拉山口口岸出境，沿途经过哈萨克斯坦、俄罗斯、白俄罗斯、波兰等国家，最终到达布达佩斯，班列运行时间为 17 天，全程约 9312 千米。

2017 年 11 月 10 日，“长安号”班列首次开出直达芬兰科沃拉的班列。班列由新筑站始发，经过霍尔果斯口岸出境，沿途经过哈萨克斯坦、俄罗斯到达科沃拉，班列运行时间为 16 天，全程约 8500 千米。

2019 年 11 月 7 日，西安国际陆港集团与 DHL 全球货运（中国）有限公司举行中欧班列（西安—德国）快线产品发布暨签约仪式，这标志着中国—德国“点对点”快速班列产品诞生。该线路又被称为德国快线，目的地为德国诺伊斯，长约 9400 千米，全程历时 10 ~ 12 天。

2020 年 3 月 25 日，由西安国际陆港集团多式联运公司与全球国际货运代理（中国）有限公司（DB Schenker）、德铁欧亚货运有限公司（DB Cargo）携手打造的，首列中欧班列（长安号）西安—罗斯托克—维罗纳、哥德堡、斯德哥尔摩南北欧分拨班列，在西安新筑站顺利发车，全程时效约 15 天。该趟班列到达德国罗斯托克后，利用罗斯托克港南北分拨能力，通过直接船运、铁路及公路，向北辐射瑞典哥德堡、斯德哥尔摩及挪威、丹麦等国家，向南辐射意大利维罗纳等。该班列的开行标志着“长安号”南北欧分拨专列的正式诞生，进一步扩大了“长安号”班列的国际影响力。

2020 年 5 月 18 日，由西安国际陆港集团多联联运公司组织发运的中欧班列（长安号）西安—伊斯兰堡、西安—加德满都南亚班列同时开行，从西安新筑站始发，通过公铁联运方式，分别经新疆喀什红其拉甫口岸以及西藏日喀则吉隆口岸出境，抵达南亚巴基斯坦与尼泊尔。南亚班列的顺利开行，不仅填补了陕西与南亚国际货运班列的历史空白，而且进一步完善了中欧班列“长安号”的货运网络布局，使西安从此成为西北乃至中部地区通往南亚的重要窗口。

2020 年 7 月 28 日，继“公共班列、德国快线、南北欧分拨班列”等系列线路产品面世后，中欧班列（长安号）中东欧线路班列正式开行。该班列将由阿拉山口口岸出境，途经哈萨克斯坦、俄罗斯、乌克兰，经扎霍尼口岸进入匈牙利，将布达佩斯作为枢纽节点，通过铁路分拨，直抵奥地利维也纳、罗马尼亚普洛耶什蒂、意大利米兰、土耳其伊斯坦布尔等城市，可覆盖中东欧全境。该班列进一步拓展了“长安号”班列的国际贸易通道，助推西安市内陆开放高地的形成。

2020 年 12 月 23 日，“长安号”班列从土耳其伊斯坦布尔出发，穿越伊斯坦布尔马尔马拉海底隧道、博斯普鲁斯海峡，经过南部通道 BKT（巴库—第比利斯—卡尔斯）铁路，沿着横贯里海的“中间走廊”行驶，经过阿塞拜疆、哈萨克斯坦，由霍尔果斯口岸进入中国，共计运行 8693 千米。该班列的开行是土耳其到中国铁路运输的首次探索。

2021 年 2 月 28 日，“长安号”班列从西安国际港区的新筑站开出，由霍尔果斯口岸出境，途经俄罗斯加里宁格勒，再搭乘轮渡海运至丹麦腓特烈西亚港。此条线路实行海铁联运模式，有效地避开了马拉舍维奇场站的拥堵，全程约 9800 千米，历时约 16 天。

2021 年 5 月，“长安号”首列中亚回程公共班列开行，标志着中亚回程班列实现常态化、公交化运行，大大降低了集货时间和运输成本，打破了以往中亚回程班列都是类似包车的模式，对于加快中欧班列（西安）集结中心建设，形成面向中亚、南亚和西亚国家的国际贸易通道具有重要的推动作用。

2021 年 6 月 28 日，首列中欧班列“长安号”（西安—巴黎—北非三国）在西安国际港区的新筑站发车。该班列途经哈萨克斯坦、俄罗斯、白俄罗斯、波兰、德国等国家，抵达法国巴黎。随后部分集装箱再由巴黎经铁路运至马赛港，海运至北非三国（突尼斯、阿尔及利亚、摩洛哥）。这不仅降低了客户后程公路分拨的成本，也成功开辟了新的多式联运集散中心。



2021 年 7 月 2 日，亚欧陆海贸易大通道日韩过境货物测试专列由西安国际陆港集团多式联运公司与东方海外物流公司、日通国际物流公司合作开行。该举助力将西安港打造成日韩跨境班列运营线路的基本港，实现“海运班轮 + 内贸班列 + 中欧班列”的无缝衔接，进一步发挥陕西西安作为中欧班列集散中心的地位作用，助力中欧班列（西安）集结中心建设。

2021 年 7 月，“长安号”班列从西安国际港区的新筑站开出，到达俄罗斯加里宁格勒州换乘轮渡，通过铁海联运方式，最终抵达英国伊明汉姆港，全程历时约 16 天，该线路将成为直通英国的“黄金干线”。该班列选择从俄罗斯加里宁格勒换乘海运，不仅换装次数少，还避免了波兰马拉舍维奇传统运营线路的拥堵。

2021 年 7 月 23 日，由西安国际陆港集团多式联运公司开发的

"西安—青岛—俄罗斯"线路首个航次在青岛港顺利开航，第一批货物有来自西安当地制造企业生产的液晶显示器、国产电子产品等，通过海运于4天后抵达俄罗斯的符拉迪沃斯托克港口，并通过俄罗斯的铁路网络转运至目的地莫斯科、圣彼得堡、叶卡捷琳堡等地。该线路开辟了"西安—青岛—俄罗斯"新的海铁联运运输通道，改善了国际物流市场日趋紧张的供需关系。同时，该线路常态化运行将为陕西建设亚欧陆海贸易大通道提供新动能。

中欧班列"长安号"美东线路班列（西安—纽约、诺福克、萨凡纳、查尔斯顿）自2021年2月首次发出，到目前已经开出7列，以西安为起点，途经亚欧大陆多个国家，横跨大西洋后抵达美国东海岸，预计全程历时35天。这标志着中欧班列"长安号"美东线路班列实现常态化运行，此条通道不仅连接了中国中西部与北美东海岸，更创新性地颠覆了多年来中美间贸易以海运为主的传统物流运输方式。



2022年元旦，中欧班列"长安号"跨境电商专列（西安—圣彼得堡—穆克兰—曼海姆）开行，绕开了过去途经东欧部分国家入境欧盟的传统线路，仅经俄罗斯后直抵德国，规避了部分传统站点因拥堵造成的班列运行不稳定的情况。

2. 发展阶段

"长安号"班列开行数量逐年增长，具体见图4－10。

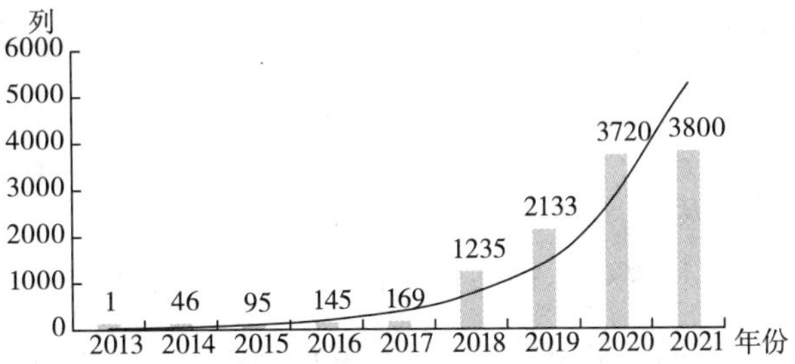


**图4－10　2013—2021年"长安号"班列开行情况**

资料来源："长安号"班列运营平台官网。

从图 4－10 中可以看出“长安号”班列发展历程可以分为 4 个阶段：

第一阶段：萌芽期（2012—2013 年）。2012 年西安市开始筹划“长安号”班列，成立运营公司，经过多次谈判，多次国内外试运营，2013 年 11 月 28 日，第一列“长安号”国际货运班列（西安—阿拉木图）正式开行，标志着“长安号”班列的开通。

第二阶段：缓慢发展期（2014—2017 年）。在运营公司和政府的支持下，“长安号”班列进入缓慢发展期，2014 年开出 46 列，发展到 2017 年，运行量达到了 169，其中回程班列 2016 年才开始出现，仅有 4 列，2017 年增长到 39 列，开行总量位居全国班列开行量的第十七位。

第三阶段：加速发展期（2018—2020 年）。西安市政府加大对班列的支持力度，“长安号”班列进入了快速发展期。2018 年，“长安号”开行 1235 列，到了 2020 年，班列数量达到 3720 列，这期间年增长千余列，从图 4－10 中可以看出，这一时期呈指数增长态势。

第四阶段：平稳发展期（2021 年至今）。2021 年“长安号”班列开行数量为 3800 列，较上年仅增长 80 列，增速明显放缓。根据班列物流运输情况，2021 年运往中欧的班列出现严重拥堵问题，部分口岸如马拉舍维、加里宁格勒港等，班列需要等待一周方可进站。铁路设施的负荷量达到极限，意味着班列运行数量发展进入平稳期，班列发展将向高质量发展转变。

### 4.3.3 “长安号”班列发展现状

1. 班列发展速度快

近 5 年，“长安号”班列发展速度非常快，2018 年开出 1235 列（见图 4－10），成为全国重载率、货运量和实际开行列数位居全国第一的班列。2019 年“长安号”班列共开行 2133 列，运送货物总重达 180.2 万吨；2020 年开行 3720 列，运送货物总重达 281.1 万吨，累计货运量达到 29 万标准箱以上，服务客户 2000 多个，到达的城市在 300 个以上；截至 2021 年年末，“长安号”班列累计开行突破 11300 列。2016—2020 年，连续 4 年，班列开行年均增长速度为 180.2%，开行量、重箱率、货运量等核心指标稳居全国第一，甚至全年中欧班列质量评价指标全国第一。

班列返程货运量也迅速增加，见图 4－11。2016 年“长安号”班列仅开出回程班列 4 列，远远落后于郑欧班列和渝新欧班列同年开行的回程班列数量。但随后“长安号”班列快速发展，2018 年开出 490 列，2020 年增长到 1311 列，数量居各班列之首，占当年“长安号”班列开行总数的 35.24%。2016—2020 年，年均增速达到 324%。往返班列开行数量有趋近平衡之势。

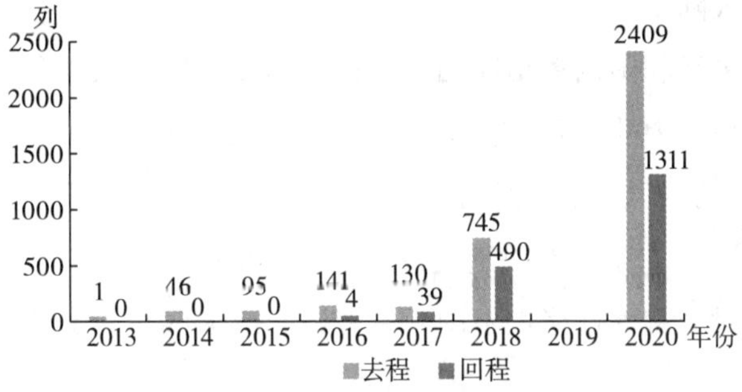


**图 4－11　2013—2020 年“长安号”班列货运往返情况**

注：2019 年去、回班列数据缺失。

资料来源：根据“长安号”班列运营平台官网及新闻报道整理。

2. 班列开行路线不断增加

西安国际港务区全力打造中欧班列（西安）集结中心，先后与中远海运集团、招商局物流集团、中铁集装箱公司等大型央企合作，促进国内外双循环体系。在国内，通过干支结合的方式构建了“＋西欧”集结体系，相继开行了襄西欧、徐西欧、蚌西欧、冀西欧、厦西欧、唐西欧、永西欧、渭西欧、常西欧、宛西欧、汉西欧等 15 条“＋西欧”集结线路，实现与长三角、珠三角、京津冀、晋陕豫黄河三角洲等地的互联互通。加强与青岛、宁波、连云港等沿海港口合作，无缝对接全球航运体系。因此，“长安号”班列去程货源中，30%来自陕西本地，70%来自外地。

在国际合作上，加强与俄罗斯加里宁格勒港、德国穆克兰港合作，在境外实现了海铁联运，提升了班列运行时效；应土耳其、立陶宛、斯洛伐克等国来函申请，加密开行了合作班列。与中远海运集团、招商局物流集团等大型央企深度合作，中欧班列“长安号”以海铁联运方式驶入全球港航体系，通过与日韩等国无缝对接，加速形成了国内国际相互促进的亚欧陆海贸易大通道，缩短了西安与世界的距离。2022 年元月，中欧班列“长安号”常态化开向中亚、南亚、西亚及欧洲的线路有 16 条，覆盖丝绸之路沿线 45 个国家和地区，基本覆盖欧亚大陆全境。



国际干线和国内集结线相互衔接，形成了国内大循环、国内国际双循环网络，中欧班列（西安）集结中心已初步织线成网，成为全国效率最高、服务最优、速度最快、路线最全、开行最多、运量最大的“钢铁驼队”。它不仅有效地促进了沿线各地的经贸往来，而且在新冠疫情防控时期有力地稳定了国际供应链，成为践行人类命运共同体理念的生动载体。

不少路线已实现常态化开行，运行的时间、停靠港口、开行时间完全固稳定。最具代表性的双向常态化运营线路有 4 条，见表 4 – 1。

德国快线主要指西安经加里宁格勒开往纽斯的往返班列，每周 3 班，运行时间为 10 ~ 12 天。

精品线路主要指西安经马拉等口岸，到达汉堡的线路，每周 3 班，运行时间约 15 天。

特色线路主要指西安至罗斯托克的线路，每周 2 班，运行时间约 15 天。

定制线路指西安至根特的班列，每周 5 班，运行时间约 14 天。

表4－1 “长安号”班列常规运行路线

| 线路 | 路线 | 装卸站 | 时长/天 | 周次/（班/周） |
| --- | --- | --- | --- | --- |
| 德国快线 | 西安—加里宁格勒—纽斯 | 纽斯、维尔纽斯 | 10～12 | 3 |
| 精品线路 | 西安—马拉—汉堡/杜伊斯堡 | 马拉、汉堡、杜伊斯堡、布达佩斯、纽伦堡、华沙、路德维希芬 | 15 | 3 |
| 特色线路 | 西安—罗斯托克 | 罗斯托克、西兰岛、维罗纳、奥斯陆、埃斯基尔斯蒂纳、维也纳、格沃西采、汉堡、斯塔万格、卑尔根、特隆赫姆、纳尔维克、哈尔斯贝里、布尔诺 | 15 | 2 |
| 定制线路 | 西安—根特 | 根特 | 14 | 5 |

资料来源：“长安号”班列运营平台官网。

3. 班列货运产品种类

经过10多年的发展，“长安号”班列货运产品种类丰富，有冷链产品，有整车工程机械，大到重卡、整车、制造业零部件，小到德国厨具、荷兰奶粉、中亚面粉等。有昂贵的电子产品，也有低附加值的口罩、小麦等产品。具体来看，有电子产品、机电产品、绿能光伏产品、奥迪汽车、沃尔沃汽车、德国母婴用品、意大利橡胶跑道、口罩、熔喷布、日用品、工艺品、DHL快递产品、跨境电商进口商品、棉纱、绿豆、钾肥等。

### 4.3.4 中欧班列运行特点

1. 采用快通模式通关

西安率先启动的“铁路进出境快速通关”（以下简称“快通”）业务模式，是海关总署为进一步畅通向西开放的国际物流大通道，促进中欧班列发展，提高铁路进出口转关运输的通行效率和便利化水平而推出的重要举措。“快通”业务模式下，海关对铁路舱单电子数据进行审核、放行、核销，实现对铁路列车所载进出口货物转关运输的监管，企业在西安车站海关即可办结所有通关手续，继而从阿拉山口、霍尔果斯等边境口岸直接通行，大幅缩短了班列滞留时间。

新冠疫情期间，为保障“长安号”班列开行效率，西安海关专门设立绿色通道，成立中欧班列通关监管工作专班，实行24小时预约通关查验，确保通关零延时。针对新冠肺炎疫情防控要求，利用现有海关智能化通关系统和监管设施，充分发挥无纸化通关优势，做到货车不停留、司机不离舱、放行即提货，有效保障“长安号”在新冠疫情期间一直正常运行。

2. 打造“‘长安号’班列+跨境电商”发展模式

2018年5月21日，始发自德国汉堡的中欧班列“长安号”首趟跨境电商物流专列停靠在西安铁路集装箱中心站。西安国际港务区以中欧班列（西安）集结中心建设为引领，全力推动中欧班列“长安号”与跨境电商融合发展，打造中欧班列“长安号”跨境电商全国集结中心，每周开行2～3列面向中亚、中欧方向的跨境电商专列，新开行常西欧、宛西欧、汉西欧等集结线路，“+西欧”国际货运班列线路已达15条，中欧班列（西安）集结中心的影响力和辐射力持续增强。



3. 数字化发展进展明显

2021年6月25日，中欧班列“长安号”数字金融综合服务平台上线。中欧班列“长安号”数字金融综合服务平台，集订舱、租箱、报关、发运等功能于一体。同时，通过与国家外管局的跨境金融区块链服务平台对接，将区块链技术与跨境金融服务相融合。目前，平台基础功能、企业经营信息查询、铁路提单融资等场景功能已基本开发完成。自2021年6月18日上线内测以来，已向28家企业提供融资业务，累计金额约1.98亿元人民币。打造数字班列是实现中欧班列提质增效、高质量发展的重要手段，目的是让“长安号”物流服务更加精细化。

4. 创新运营模式

（1）服务便利化程度不断提高。西安国际陆港集团探索推出客户全程“一次委托”、运单“一单到底”、结算“一次收取”的服务模式，实现客户签约、班列订舱、线上舱位调整、地面服务等全服务环节数字化。

（2）运营模式不断创新。为了提高“长安号”班列的运行效率，创新在班列发展中时有出现。

一方面，以打造“一带一路”最大内陆型国际中转枢纽港和商贸物流集散地为目标，西安国际港务区和铁路、海关等部门协力创新，通过线上订舱平台、舱单归并、中欧班列延误险等一系列改革举措为外贸企业降本增效。首创舱单归并申报模式，压缩企业进口申报时间和成本 90% 以上。开通德国快线，并将班列全程运输时间压缩至10～12天。加强海关和铁路互联互通，将货物运抵信息反馈时间压缩至 5 分钟以内，形成了自身特色与竞争优势。目前，中欧班列“长安号”全国首个铁路自动化无人码头已经建成，“长安号”单一窗口订舱平台和综合服务平台等中欧班列信息平台均已上线运行，一站式在线服务能力居全国前列。



另一方面，“长安号”班列尝试推出各种新举措，如关税保证保险。关税保证保险是国内第一个以政府机构（海关）作为被保险人的保证保险产品，投保人是进出口纳税企业，企业凭保险公司出具的《关税保证保险单》向海关办理税款类担保手续，即可实现先放行后缴税。该举措适用于一般信用及以上的进出口货物收发货人，能有效提高通关速度。这是优化口岸营商环境，提升跨境贸易便利化水平的重要举措之一。

5. 班列运行主体经营模式特殊

“长安号”班列的运营并非西安陆港大陆桥国际物流有限公司独自上阵，而是针对不同线路与不同的国际大型物流公司合作运行。2018 年西安国际陆港集团与敦豪全球货运（中国）有限公司合作，签订了《中欧班列（长安号）代理运输协议》，并共同推出了德国快线；继结交 DHL、DBSchenker、RTSB、DBCargo、沃尔沃、一汽进出口公司等重要合作伙伴后，2020 年 3 月与东方海外物流（中国）有限公司签署合作备忘录，为中欧班列（长安号）发展注入源源不断的新动能。该经营模式灵活，合作方实力强劲，有效推进了班列的发展。

6. 补贴力度大

“长安号”中欧班列财政补贴政策力度很大，平均每班列的财政补贴达 60 万元。西安市铁路局联合西安国际港务区下发了《补贴资金管理办法》，明确规定，通过铁路运输方式到达新筑车站中转并发运的，20 尺货柜补贴 10500 元/车、40 尺货柜补贴 8000 元/车，其他方式运至新筑车站的，20 尺货柜补贴 8500 元/车、40 尺货柜补贴 6500 元/车；对于政策发运的，每发运 1 车（6 号运价率货物）补贴 12000 元，每发运 1 车（5 号运价率货物）补贴 10000 元，每发运 1 车（4 号运价率及以下货物）补贴 9500 元。同时，还给予组织货源优秀的客户奖励，为 300 ~ 500 元/车不等，对于能够自行揽货的，给每班 4 万元的补贴，对于加班、误餐、维护等方面也给予每班 1.5 万 ~3万元不等的补贴。综合计算来看，“长安号”中欧班列这几年的补贴平均大约在 3000 美元/柜，每班列补贴 12.3 万美元左右。



### 4.3.5 “长安号”班列开行的意义

1. 为丝绸之路经济带的发展增添活力

“长安号”国际货运班列将以物流带动信息流、资金流，促进产业优化布局，使西安成为欧洲和中亚进入中国市场的出入口和集散地，使西安成为国家向西开放的重要商贸物流集散中心和综合物流枢纽平台。西部现代物流产业发展研究院院长李钊表示，“长安号”国际货运班列，是陕西、西安落实共建丝绸之路经济带战略构想，打造丝绸之路经济带新起点的重要抓手。“长安号”开行后，陕西、西安的区位优势将得到进一步认可和发挥，西安港亦将成为丝绸之路经济带上最大的陆地国际中转枢纽港，云集全球商品，重现万国通商盛景，为陕西、西安建设丝绸之路经济带新起点提供重要支撑。

2. 助力陕西经济发展、产业结构转型升级

“长安号”开通后，将使西安的区位优势、交通枢纽优势和产业优势转化为竞争优势，助力陕西外向型经济发展和产业结构转型升级。组织开行比亚迪、兰精、陕汽、隆基、冠捷等本地货源专列，增强了中欧班列“长安号”服务地方经济发展能力。

“长安号”班列通过“通道 + 口岸 + 电商 + 产业”的发展模式，打开了开放通道，全网物流体系把西安从内陆腹地推到了开放前沿，实现了西安港与长三角、珠三角、京津冀等主要货源地的互联互通，为西安带来了贸易的快速发展和产业的快速聚集，产业的聚集又为中欧班列“长安号”高质量运营提供了坚强的保障。不仅为各地打开了走向世界的贸易新通道，也为推进区域协调发展、优化陕西开放布局、共享门户枢纽红利增添了新动力。

据统计，2020 年，“长安号”吸引了来自全国 20 多个省份的货源在西安集散分拨，发送的省外货物超过一半，进口货物 70% 以上由西安分拨至全国。截至目前，京东全球购、沃尔沃整车进口、奥迪整车进口项目落户西安港。西安港现已聚集外贸类企业 360 余家、物流企业 300 余家，东南沿海产业转移企业加速聚集，累计引进电商企业超过 1200 家。东南沿海产业转移企业已投产 11 家，正在落地 15 家，达成落户意向 30 家。有助于西安依托中欧班列（西安）集结中心，创新“物流 + 贸易 + 产业”的发展模式，推进港贸、港产、港城一体化发展新格局。

## 4.4 蓉欧快铁

### 4.4.1 蓉欧快铁概念及运营主体

1. 蓉欧快铁的概念

蓉欧快铁是蓉欧国际快速铁路货运直达班列的简称，是指从成都青白江集装箱中心站出发，经由新疆出境，途经哈萨克斯坦、俄罗

斯、白俄罗斯等国直达波兰罗兹站的班列，随着该班列出境口岸和目的站的增加，后泛指所有从成都开出的国际班列。2016 年 6 月 8 日，中欧班列统一品牌正式启用，蓉欧快铁改为中欧班列（成都）（China Railway Express Chengdu）。

2020 年中央财经委员会第六次会议决定，大力推动成渝地区双城经济圈建设，成都和重庆两个城市积极响应，2021 年 1 月 1 日国铁集团首次批准成渝两地统一品牌，并使用统一名称开展品牌宣传推广，改名为中欧班列（成渝）号，标志着两者向融合共生的高质量发展迈出了新的步伐。

2. 蓉欧快铁的运营主体

2013—2015 年蓉欧快铁的运营主体是波兰物流公司哈特兰斯（Hatrans）。1989 年该公司在罗兹市成立，2007 年开始为罗兹市新建的戴尔工厂提供物流服务，负责将中国生产的电子产品运至波兰，为了规避空运的高昂运费和海运的时效不经济，其开始寻找新的运输方式。在 2010 年白俄罗斯、俄罗斯与哈萨克斯坦签署《欧亚关税同盟》条约的契机下，哈特兰斯决定尝试用铁路运输连接中国与波兰，鉴于成都市政府的支持力度大，因此班列的起点落在了成都。



而罗兹是波兰第二大城市，距离首都华沙 135 千米。波兰的主要铁路运输公司货物运输量位列欧盟第二，波兰公路运输企业在欧洲市场处于第一位，领先于西班牙、德国，位于波兰北部的格但斯克港口是整个波罗的海地区的第二大港口。通过波兰，很容易实现货物在欧洲大陆的分拨。为了便于货物的转运，罗兹被选择为蓉欧快铁的终点站。经过反复试运行后，2013 年 4 月 26 日，成都到波兰罗兹的线路正式开通。

2016 年至今，蓉欧快铁的运营公司变为成都国际铁路班列有限公司。该公司于 2016 年 3 月 28 日成立，是成都国际铁路港投资发展有限公司的全资子公司，主要负责中欧、中亚、中俄、蓉桂马等国际班列的运营和管理，以打造“内陆亚欧门户、国际化青白江”为使命，提高服务质量，降本增效，提供更加优质高效、便捷稳定的国际铁路运输服务。但中欧线路的集装箱班列运输仍由成都亚欧班列物流有限公司负责，该公司由波兰哈特兰斯物流有限公司和江苏飞力达国际物流股份有限公司、深圳越海全球物流有限公司共同出资组建。该公司将铁路传统运输模式提升为快铁，将铁路集装箱运输以另一种模式推广至广大国内外市场。经过多年的市场培育，已将营运的蓉欧快铁打造成市场高效的新型铁路运输模式。

成都国际铁路班列有限公司经营范围包括承办进出口货物国际国内货运、多式联运及订舱、配送、装卸、集装箱拼箱拆箱、物流加工、报关报检代理等其他运输代理业务；货运信息及其他商务信息咨询服务；跨境电子商务；汽车整车和零部件进出口以及其他货物、技术进出口业务；物流方案设计及其他物流供应链管理服务；设备设施租赁服务；其他无须审批或许可的合法项目。



成都国际铁路班列有限公司的上级公司为成都国际铁路港投资发展有限公司，是在成都市、青白江区两级政府，中国铁路成都局集团有限公司支持下建立的全资国有企业，目前下设 3 家全资子公司，分别是成都国际陆港运营有限公司、成都国际铁路班列有限公司、成都自贸通供应链服务有限公司，该企业致力于打造集投融资、建设、运营于一体的国际化、多元化、一体化综合服务平台。主要承担铁路港融资、投资、建设、经营等职能，包括提供自贸区铁路港片区的基础设施建设、国际铁路班列的开行运营、国际铁路港口岸及场站的运营、国内铁路集疏物流通道建设以及提供配套的国际贸易、金融、信息等相关服务。

### 4.4.2 蓉欧班列发展历程

2013 年 4 月 26 日，成都到波兰罗兹的国际班列首次从成都青白江集装箱中心站开出，经新疆阿拉山口出境，途经哈萨克斯坦、俄罗斯、白俄罗斯等国，最终抵达波兰罗兹站，线路全长 9826 千米，历时 14 天。该班列开行之初每周 1 列稳定发运。该班列的开行标志着蓉欧快铁正式运营，同时使成都成为第二个加入国际班列行列的城市。

2015 年 8 月 18 日，首趟蓉欧快铁返程货运列车从罗兹火车站出发，9 月 6 日返回至成都火车站，这标志着蓉欧快铁开始了双向贯通亚欧大陆的使命。

2015 年 12 月 15 日，蓉欧快铁满载电子产品、服装、机械品，从德国纽伦堡开出，驶向成都，历时 15 天到达成都，这标志着蓉欧快铁线路得到了有效延伸。

2016 年 9 月 6 日，蓉欧快铁开通成都—伊斯坦布尔线路，由成都国际铁路港始发，经新疆霍尔果斯口岸出境，途经哈萨克斯坦、阿塞拜疆、格鲁吉亚等国的阿克套、巴库、波季等站点，全程经 2 次铁路、1 次轮渡，最终抵达土耳其伊斯坦布尔，里程约 1.3 万千米，全程运输时间约 16 天。该线路的开行标志着南线线路的开通，并且通过与中亚班列合作开行，对接伊朗、罗马尼亚、保加利亚等国家，实现了铁运线路对欧洲南部地区的全覆盖，推动蓉欧快铁全面形成覆盖泛欧、泛亚的物流网络体系。



2016 年 9 月 22 日，成都—荷兰蒂尔堡线路开通，全程 10858 千米，运行时间约 15 天，去程货物以电子设备和航空产品配件为主，回程以汽车配件、奶粉、整车为主。该线路标志着蓉欧快铁新线路的开通。

2017 年 3 月 1 日，开往白俄罗斯的明斯克吉利工厂的班列从成都国际铁路港开出，该班列满载吉利汽车配件，从新疆阿拉山口出境，经哈萨克斯坦、俄罗斯，最终抵达明斯克，全程 8866 千米，历时约 12 天。这标志着中欧班列（成都）北线成都至白俄罗斯定制班列正式首发，助力“蓉欧 +”战略的实施及成都“三网两港一枢纽”立体式国际化物流体系的建设。蓉欧快铁逐步形成北中南三线并行格局，构建起“一主多辅、多点直达”的国际铁路班列网络体系。

2017 年 10 月，成都经钦州港的“蓉欧 +”东盟海铁联运通道开启。“蓉欧＋”东盟国际班列（德阳—成都—钦州港）从德阳国际铁路物流港黄许货站始发，经成都国际铁路港联动并加挂，途经贵州贵阳，进入广西，最终抵达钦州港港区，全程约1700千米，运输时间约88小时。抵达钦州港港区的货柜将在港口配船，可选择搭乘东南亚全线航线、新加坡公共班轮、日航快速航线和印巴、中东快速航线，实现出海。充分发挥了成都西部枢纽作用，带动了区域各国的经贸往来。

2018年2月26日，“蓉欧＋”东盟国际铁路通道开通。集装箱从越南东英站出发，通过凭祥铁路口岸将驶入成都，并将搭乘蓉欧快铁到达目的地波兰罗兹。越南经凭祥至成都再连接蓉欧国际班列的“蓉欧＋”东盟国际铁路，架起了欧洲与东南亚各国之间的陆上跨洲新通道，能助力成都加快建设国家内陆开放型经济高地和国家向西向南开放门户枢纽。



2018年4月12日，成都至奥地利维也纳的国际铁路通道开通。首列直达奥地利首都维也纳的蓉欧快铁从青白江城厢站出发，由霍尔果斯口岸出境，途经哈萨克斯坦、俄罗斯、斯洛伐克等多个国家，全程运行约9800千米，用时13天抵达奥地利首都维也纳。此行标志着蓉欧快铁的辐射能力和运行品质的快速提升以及“蓉欧＋”网络欧洲端覆盖面的进一步扩大。

2019年5月22日，鹿特丹港正式加入成都到蒂尔堡线路，在鹿特丹港口岸辐射优势和蓉欧枢纽海铁联的融合下，打通了一条从北欧、美洲东海岸地区至中国内陆地区的货运通道。该线路自2016年开通以来，每周往返班列数量达6列，运行格局稳定。

2019年9月17日，中欧班列（成都）波兰马拉运控中心投运，标志着班列海外段建立了完备的运行机构，实现了对中欧班列在马拉、布列斯特的换装操作和海外段运行情况实时实地监控，能对换装过程中的异常情况第一时间进行处理。

2020年4月28日，中欧班列（成都）达州专列从达州高新区始发，实现从“家门口”经成达铁路，直达成都铁路口岸，通关后发往欧洲，全程仅用15天。成都国际铁路港作为首批国家陆港型物流枢纽，承载“一带”与“一路”的有机衔接，支撑亚蓉欧国际贸易运输通道的融合发展。

2021年2月，蓉新欧开出了至俄罗斯圣彼得堡的首趟中欧班列，成为成都国际班列拓展的第五十九个境外站点。

2021年8月，X9574次班列由广西钦州港东站驶出，到达成都国际铁路港，再通过成都中欧班列发送至波兰马拉、德国杜伊斯堡。这标志着成都、广西首次实现中欧班列通道与西部陆海新通道“双通道联运”。“双通道”互联后，有机连接“一带一路”与西部地区货物的出海出边，在RCEP框架下使中国与东盟地区交流合作更加便捷。

### 4.4.3 蓉欧快铁发展现状

1. 蓉欧快铁开行情况



开行量线快速增长，后出现回落。蓉欧快铁2013年开行31列；2013—2015年缓慢增长，增加到103列；2016年进入快速发展期，从460列飙升到2018年的1587列，随后由于其他内陆省份中欧班列货源竞争和本地货源开发不充分等情况，开行班列出现回落；2019年降至1215列；2020年略有回升达到1324列，见图4－12。开行之初，班列以去程为主，2015年才出现返程班列，当年仅31列，2016年增加到169列。往返运输不平衡，空车返运造成浪费严重。

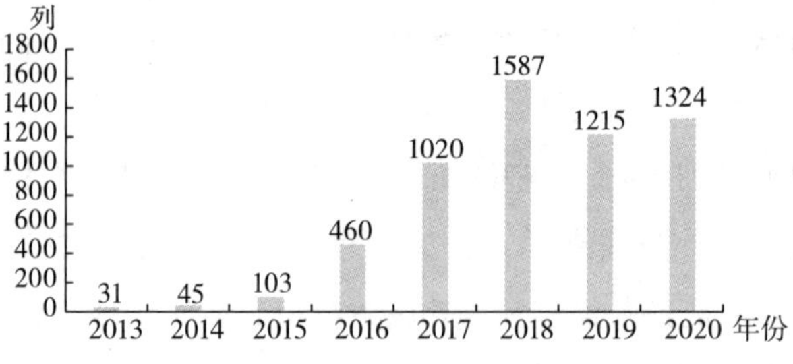


**图4－12　2013—2020年蓉欧班列开行数量**

资料来源：根据蓉欧班列运营平台官网及新闻报道整理而得。

截至2021年9月，从成都出发的蓉欧快铁西部陆海新通道已覆盖约60个国家、超过120个目的港，班列线路境外站点城市增至65个。西部陆海新通道班列与成都中欧班列的衔接，促进了成都外贸产业链和供应链畅通运转，激发了市场活力，对构建新发展格局、畅通国内国际双循环起到了重要作用。

2. 蓉欧快铁开行线路情况

（1）线路种类。蓉欧快铁建起“一主多辅，多点直达”的班列网络，根据线路国外目的地或始发地的不同，蓉欧快铁运行线呈4个方向分布，分为中线、南线、北线和东盟线（见表4－2）。

①中线：中线是指从成都至波兰罗兹的线路，是蓉欧快铁最早开行的线路，是率先打通连接欧洲和泛亚的铁路大通道。经过8年的发展，终点已延伸至波兰库特诺、德国纽伦堡、荷兰蒂尔堡等多个欧洲端点城市。该线路直接深入亚欧腹地，覆盖中西欧及南欧等地区，是中欧货物的核心运输通道。

②南线：南线是指成都至土耳其伊斯坦布尔的线路，这条线路于2016年9月正式开通，是中亚班列的自然延伸，运行时间约15天。这是中国开通的第一条南线中欧班列，对接土耳其、伊朗、格鲁吉亚等国家，覆盖中亚、西亚、南亚及南欧地区。

③北线：北线是指成都至俄罗斯莫斯科、白俄罗斯明斯克的班列，该条线路于2017年3月开通，覆盖独联体及其他东欧国家。

④东盟线：东盟线是指成都向南，经过广西钦州港，连通越南、泰国等东盟国家的班列，该条线路于2018年2月26日开通，它开启了“蓉欧＋”东盟海铁联运通道。

“双通道联运”使成渝双城经济圈与北部湾经济区协同发力，加速了国内城市群之间国内大循环的构建。在统筹中欧班列与西部陆海新通道建设中，成都完善向南辐射泛亚地区、向西深入欧洲腹地、向北直达俄罗斯、向东连接日韩的网络，打造全球供应链服务重要节点和国际物流集散枢纽，高质量构建“四向拓展，全域开放”的对外开放新格局。

表 4-2　中欧班列（成都）开行方向

| 线路 | 开通时间 | 路线 | 延伸城市（国家） |
| --- | --- | --- | --- |
| 中线 | 2013 年 4 月 26 日 | 成都至波兰罗兹 | 库特诺、纽伦堡、蒂尔堡、米兰、鹿特丹、根特、汉堡、杜伊斯堡、波兹南 |
| 南线 | 2016 年 9 月 | 成都至土耳其伊斯坦布尔 | 土耳其、伊朗、格鲁吉亚 |
| 北线 | 2017 年 3 月 | 成都至俄罗斯莫斯科 | 明斯克、托木斯克、立陶宛 |
| 东盟线 | 2018 年 2 月 | 越南、泰国 | 地中海周边地区 |

资料来源：蓉欧快铁平台网站。

（2）班列特征。根据班列开行的特征不同，分为公共班列、精品班列和定制班列。

①公共班列。蓉欧快铁开行的公共班列有 7 条线，中欧线路有到罗兹、纽伦堡和蒂尔堡的 3 条，中俄线路有到莫斯科的 1 条，中亚线路有到霍尔果斯和阿拉木图的 2 条，另外还有到达东盟的线路 1 条，其基本信息见表 4-3。



表 4-3　蓉欧快铁公共班列路线情况

| 产品 | 线路 | 距离/千米 | 运行时间 |
| --- | --- | --- | --- |
| 中欧线 | 成都—罗兹 | 9826 | 12 天 |
| | 成都—纽伦堡 | 10546 | 14 天 |
| | 成都—蒂尔堡 | 10858 | 14 天 |
| 中俄线 | 成都—莫斯科 | 9572 | 12 天 |
| 中亚线 | 成都—霍尔果斯 | 3509 | 3 天 |
| | 成都—阿拉木图 | 9572 | 8 天 |
| 东盟海铁联运线 | 成都—钦州港（铁路）—东盟（海运） | 1669（铁路距离） | 钦州港全程 55 小时 |

资料来源：http：//www. cdrport. com/。

②精品班列。针对客户对时效的需求，班列也开出了快速直达、时效精准的高质量班列。精品班列的运行线路不同，主要从成都出发经霍尔果斯、马拉后终达目的地。精品班列的运行时间比公共班列要快 2～3 天，根据开行计划，成都至波兰罗兹精品班列为每周 1～2

列，运行时间为10天；成都至德国纽伦堡、荷兰蒂尔堡精品班列均为每周1列，运行时间均为12天。

③定制班列。该班列是根据特定的货物品类及线路专属定制的班列，如平行进口车、肉类进口、汽车配件、木材进口等。目前已开通与托木斯克、根特、米兰、莫斯科、明斯克等城市之间的定制班列线路11条，具体线路见表4－4。

**表4－4 蓉欧快铁定制班列路线**

| 产品线路 | | | |
|---|---|---|---|
| 托木斯克—成都 | 根特—成都 | 米兰—成都 | 塔什干—成都 |
| 成都—明斯克 | 成都—马拉 | 成都—斯莫根 | 成都—布拉格 |
| 成都—维也纳 | 成都—伊斯坦布尔 | 成都—阿拉木图 | |

资料来源：http：//www. cdrport. com/。

3. 货源获取情况

为了推动蓉欧快铁发展，广泛聚集货源，成都国际铁路港大力实施“蓉欧＋”战略，其战略布局分为“国内＋”和“欧洲＋”。

国际端，做强库特诺（罗兹）、纽伦堡等主节点，与战略伙伴合作开行公共班列，以方便中小企业拼车运输。设立波兰华沙、英国伦敦、俄罗斯莫斯科、土耳其伊斯坦布尔等10处以上境外办事处，投资建设运营海外仓（配送中心）多处。提供便捷服务，争取更多的货源。

国内端，蓉欧快铁有近一半的货源来自四川省外，靠的是将班列开行范围拓展至天津、青岛、广州、南宁等10个以上沿海沿边沿江节点城市，进而覆盖中国港澳台、日韩、东南亚地区，稳定开行成都到上海、深圳、天津、青岛等15个以上枢纽节点城市的国内互联互通班列，形成以成都为中转枢纽的“蓉欧＋”跨境班列体系，通过深蓉欧、昆蓉欧、甬蓉欧等国内货运班列，深化互联互通，广泛聚集货源，形成了“铁路港＋航空港”双港驱动、成都连通欧亚的大格局，目前已辐射到了全国各地。

另外，中欧班列（成都）还拥有稳定的大客户群。中欧班列（成都）有富士康、TCL、戴尔、沃尔沃、吉利、菲亚特、苹果、联想、一汽大众、博世、莫仕、长虹、DHL、飞利浦、成都成飞、东方电气、宝山钢铁、三星爱商、宝马、奔驰等制造商作为其大客户，保证了去程的订舱量。同时，与中国外运、中远物流、DB 等著名的国际货代公司的稳定合作关系的建立，也确保了中欧班列（成都）的良好运行和持续的经济效益。

4. 蓉欧快铁运输货物的种类

蓉欧快铁运输货物种类齐全，运输进出口货物涵盖 22 个大类。进口货物共 16 个大类，其中包括运输设备类、机械设备类、木材类、杂项制品类、机器类、化工类、贱金属及制品类、食品类、纸类等。出口货物共 20 个大类，其中包括植物产品类、化工类、塑料橡胶制品类、皮革及制品类、纺织类、鞋帽制品类、机器类、仪器类等。具体见表 4－5。



**表 4－5　蓉欧快铁运输的货物**

| 方式 | 类别 | 细类 |
|---|---|---|
| 进口货物 | 运输设备类 | 平行进口车、水陆两栖卡车、轴节叉等 |
| | 机器设备类 | 起重机零件、过滤板、无接头电线、压缩机、龙牙锭子、锭子加油机、加油嘴、自动涂胶线（传送带和机器人）等 |
| | 木材及木制品类 | 木材、复合地板、墙板、橱柜面板、家具等 |
| | 食品类 | 冷冻猪肉、冷冻牛肉、啤酒、红酒、奶粉、糖果、麦片、米粉等 |
| 出口货物 | 植物产品类 | 榕树、鲜番茄、鲜辣椒、中国红茶、银柳、菊花种子等 |
| | 塑料橡胶制品类 | 轮胎、连接器、文件夹、塑料瓶、泡沫材料、箱盖、饰条、牙刷、油箱密封塞等 |
| | 纺织类 | 服装、棉服、涤纶布、超细纤维布、装饰布、纺织品等 |
| | 机器类 | 半成品液晶电视齐套散件、笔记本电脑、计算机主机、TV 齐套散件、液晶显示器、台式机、液晶电视接收器等 |

资料来源：http：//www. cdrport. com/。

所有商品中，运输价值最多的是电脑半成品，占总量的 17%；其次是机械类产品，占比达12%；位列第三的是汽配产品，占比为9%；然后是服装衣裤类，约占7%；灯具类和鞋类大约分别占5%。

### 4.4.4 蓉欧快铁发展特点

蓉欧快铁生命力强，是最早实现每周1列稳定开行的线路，因其拥有先进的管理水平、国际化共赢合作模式，运输优势明显，“快速直达”的品牌优势突出，主要特点如下：

1. 注重服务效率

成都国际铁路班列有限公司在纽伦堡、蒂尔堡、布拉格、汉堡、华沙等地设立了多个海外联络处，波兰马拉运控中心启用后，可实时、实地监控班列海外段运行情况，保障班列作业对接“零时差”。成都海关也积极与境外海关开展国际合作，推动中欧班列境内外海关数据交换、监管互认、全面开展口岸“7×24”小时“预约通关”常态化作业。全程使用EDI传输，沿途国家通关EDI系统预先提交过境资料，实现不停留转关，采取“一次申报、一次查验、一次放行”的快速通关模式。加强海关、口岸经营单位等部门信息对接，实施“疏站优先、资料后补”等举措，班列整体通关时效得到提升。



2. 提供服务全面

蓉欧快铁作为公共服务平台采用开放式运营模式，可以为广大代理人及发货人提供“端到端”地从散货到整柜全程全面的供应链物流解决方案；同时也可提供菜单式服务，由客户自主选择所需服务内容，不仅为大型家电产品、信息产业产品、生鲜类产品等高附加值商品提供系统的物流解决方案，也在不断创新打造粮食、跨境电商、肉类、奶制品、整车、木材等运贸一体化定制班列产品。蓉欧快铁欧洲转运中心波兰保税仓库，同时具备欧盟、俄罗斯与独联体保税优惠便利，可分别为欧盟、俄罗斯及独联体客户提供运抵缴税及延后160天缴税的便利。另外，进行了境内外提还箱点布局，有效地解决了客户的提还箱需求，降低了物流运输成本。

3. 运输效率不断提升

班列在货物物流、通关等环节上不断探索创新，从多方面降低运输成本、提高运输效率。2014 年 4 月，根据内陆地理特征及进出口贸易特点，成都中欧班列推进多式联运一单制业务，为进出口商降低国际贸易服务成本 10% ~20%。2017 年 12 月 17 日，成都中欧班列集拼集运测试班列成功开行，实现了内外贸货物混装混载，有效整合了班列资源和零散货源，班列重载率提升 10%、成本降低 8%。2018 年 2 月 12 日，创新实现了成都中欧班列沿途加挂、内外贸货物同列运输的运作模式，有效节约了运力资源，全程运行时间为 10 ~15 天，与同期时效基本持平，全程物流成本下降了 5% ~10%。2019 年 9 月，进、出口通关时间分别压缩至 8 小时和 1.47 小时，基础服务继续保持免费，持续提升通关便利化水平，为实现开放型经济高质量发展提供了有力支撑。



4. 创新实施一单制

班列推进与银行的合作，搭建全国首个多式联运一单制跨境区块链平台，用新路径创新解决自贸区中小微企业融资难、融资贵的问题，创新打造供应链金融生态圈。实现了多产品多通道的“一单到底、全程负责”的新模式，服务品类从单一的平行进口汽车延伸到木材、红酒等领域，铁运提单从国际铁路联运拓展到多式联运领域，深化基于多式联运一单制的供应链金融创新。推出“上车付”和跨境人民币结算服务等金融产品，通过提供保税保函、跨境人民币信用证等途径有效解决企业融资难问题，实现一单制与贸易金融高效畅通地接轨。2019 年上半年通过使用“上车付”等金融服务，俄罗斯—成都班列线路累计开行运贸一体化班列 432 列，货值达 3.8 亿美元。2019 年 10 月，推出中欧 e 单通平台，统筹谋划“通道 + 口岸 + 物流 + 贸易 + 金融 + 产业”一体化发展，创造性地利用区块链技术将企业、银行、物流等多方数据连在一起，推动中欧班列沿线普惠金融和跨境贸易的互联互通。通过数据的联通和互相验证，实现互信互认，实现跨境供应链的全程监控，为企业融资提供贸易物流信息支持。此外，为蓉欧快铁创新担保方式，探索基于多式联运提单的银保联合、银担联合等融资模式，实施关税保证保险，自报自缴，落实优惠政策，缓解企业资金压力。

5. 创制铁运提单规则

蓉欧快铁首次尝试把海运提单的物权属性嫁接到班列运单上，拓展班列运单的基本功能。通过物权属性契约化、承运人全程控货、一单到底等制度设计，成功实现铁路运单的物权化改革。2019 年在商务部的协助下，成都国际铁路港全面总结、梳理改革经验，形成了一套统一、成熟的制度规范，实现了从运单到提单的重大转变，并被纳入 2018 年国务院深化自贸试验区改革创新的 53 条措施中。目前铁运提单主要用于货物进口领域，在出口方面还未有实施。

蓉欧快铁创制的铁运提单运用基本规范如下：

（1）对运输合同、提单条款和信用证条款内容进行有机设计，通过协议赋予班列运单以物权属性，在当事人自愿协议认同的基础上，把“运单”转化成“提单”，谁持有正本提单，谁即拥有提单项下货物的所有权。



（2）明确承运人成都国际陆港运营有限公司全程控货责任，只能见正本提单才能放货。在始发站收货后，承运人签发正本提单一式两份，一份由承运人留存，一份质押给第三方开证机构，如银行或担保公司。收货人必须从第三方开证机构付款赎单后，才能凭正本提单到目的港提到货。

（3）把信用证锁定为付款赎单（D/P）。买方只有向第三方开证机构付款后才能拿到提单，如果买方不按照合同约定付款，第三方开证机构即成为提单最终持有人，进而获得货物的所有权。

（4）记名运单升级为指示提单（ORDER B/L），确保了提单的可转让性。如果买方未能按照合同约定付款赎单，第三方开证机构可以把提单背书转让给其他购买人，进而实现自身权益。

简言之，成都铁运提单创新模式的主要特点有3个：通过当事人之间的契约设计，成功嫁接、移植了海运提单的物权属性；通过承运人全程控货及目的站正本提单放货的约定，实现了提单的流转功能；通过正本提单质押给第三方开证机构或担保机构，破解了买方的融资难题，保障了开证机构的权益。

6. 积极打造数字化班列

蓉欧快铁自行开发了IT信息管理系统，连接客户、承运人、海关、收货人等相关当事人，达成实时化、可视化、标准化的现代物流服务目标。结合物联网技术的运用，实现了车、箱、货全程信息管控，口岸进出场手续、租箱手续全部网上办理。持续完善信息化系统的相关配套功能，率先推出“蓉欧一点达”微信小程序，实现班列去回全程100%的实时位置追踪。外贸企业均可以通过“蓉欧一点达”手机App、成都国际铁路港网站，随时查询，选择所需集装箱和班列，办理口岸进出场、报关报检、集装箱租赁等业务。成都国际铁路港口岸全力打造全国铁路港智慧化运作一流水平，已实现90%智慧化无人操作，口岸通关效率在原有基础上提升75%。随着物联网、区块链、人工智能和云数据等新技术在蓉欧班列各领域应用的深化，成都中欧班列的数字化水平日益提升，已成为当前中欧班列中数字化水平最高的班列。



### 4.4.5 蓉欧班列开行的意义

1. 促进“一带一路”沿线经济的发展

蓉欧快铁是一个集中多方面优势为中欧货物运输打造的新方案，以高效优质地实现中欧物资的快捷流动，构筑起亚欧大物流的新天地，冉冉上升为全球经济大动脉，也是推动中欧融合发展的新引擎和建设丝绸之路经济带的新枢纽。蓉欧快铁沟通中欧，串联中亚、俄罗斯与海湾地区等重要地区，拓宽了中欧班列覆盖区域，带动更多国家加入经济带的发展中，明显助力“一带一路”沿线国家经济发展。

2. 促进成都经济发展

借力中欧班列，成都在国际通道拓展、枢纽功能完善、运行机制创新、跨境贸易聚集、临港产业承接等方面进行积极探索，有效服务成都建设内陆开放高地的战略，明显促进成都经济发展。主要表现在以下几个方面：

（1）提升了成都的区位优势。从国际角度看，蓉欧班列的开行改变了成都内陆城市发展外向型经济必须依赖港口的历史，将成都由内陆变口岸，由盆地变高地，为成都作为向西开放的前沿阵地奠定了基础。从国内角度看，蓉欧快铁的开通打破了依赖港口发展的被动局面和魔咒，实现了依靠陆路将物流进行全方位辐射，提升了成都在我国大西南的交通枢纽地位。

（2）助力成都各功能的获批。蓉欧班列的开行助力成都获批中欧班列集结中心和铁路运邮试点，助推成都铁路口岸建成并获批国家对外开放口岸、多式联运监管中心、汽车整车进口口岸、肉类进境指定口岸。为成都国际铁路港建设成为内陆“国际铁路第一港”奠定了有力基础。



（3）吸引企业聚集效应明显。依托蓉欧快铁和中亚班列通道，在成都政府出台的大客户优惠基础运价、异地货物运价、外贸转移扶持和产能转移扶持等政策助推下，一些国内优势企业、高端制造、星级酒店、大型超市、城市综合体等项目逐渐落户成都，产业聚集效应明显。2016 年 5 月，格力集团与成都签署战略合作框架协议，投资智能装备、家用电器等领域，TCL、格力将产能向成都转移，并通过蓉欧快铁和中亚班列两条黄金通道快速将产品送至中亚及欧洲腹地。中国中铁、中铁物资等 45 家国际国内知名物流企业入驻成都国际铁路港，总投资超过 160 亿元。联想、敦豪全球货运、飞利浦、沃尔沃、戴尔等全球企业巨头，纷纷加入与蓉欧快铁合作的行列。TCL 出口加工产业园、振石复合材料产业园、深圳怡亚通、广州宝供、韩国希杰、德国欧盛腾环保制造产业园等一批重大产业化项目，正落户青白江自贸试验区和成都国际铁路港。自贸试验区挂牌以来，青白江片区新设市场主体583户，注册资本合计58.29亿元。

## 4.5 义新欧班列

### 4.5.1 义新欧班列概念及运营主体

1. 义新欧班列的概念

义新欧班列最初是指从义乌出发，经新疆阿拉山口口岸出境，途径哈萨克斯坦、俄罗斯等国家，最终运抵西班牙首都马德里的班列，后泛指所有从义乌出发，运抵欧洲的班列，因线路覆盖义乌—新疆—欧洲，故简称义新欧。2016年6月8日，中国铁路正式启用中欧班列统一品牌，义新欧班列正式更名为中欧班列（义乌）（China Railway Express Yiwu），泛指所有从义乌开出的班列。义新欧班列的叫法仍会出现在非正式场合。



2. 义新欧班列的运营主体

义新欧班列的运营主体是义新欧贸易服务集团有限公司（以下简称“义新欧集团”）。该公司创立于2010年，是以运营义新欧系列班列、场站运营、智慧仓储、铁路国际快件以及中亚欧贸易供应链为主的国际物流及贸易综合服务商。

义新欧班列的运营物流公司是义乌市天盟实业投资有限公司（以下简称“天盟公司”）。该公司创立于2012年2月，是义新欧集团的子公司，也是国内唯一参与中欧班列规划和运营的民营企业。该公司以世界小商品之都义乌和浙江、长三角区域的中国制造的货源为基础，为上万家中外企业提供全球物流及贸易供应链解决方案。义通欧物流有限公司是义新欧班列的主要货代公司，负责为其揽活。

2020年，浙江省对中欧班列（义乌）的运行机制进行改革，由浙江省海港投资运营集团与金华市交投集团合资成立了浙江海港国际联运有限公司，作为新的平台运营国际班列业务。同年4月30日，义新欧金华平台完成组建，初期依托浙中国际物流发展有限公司（以下简称“浙中国际”）开展国际班列运营业务，中长期以交投智慧物流与杭州海关数据分中心在浙中国际建立的“智慧港口”系统数据为支撑，打造铁路口岸信息港，拓展线路并提升线路优势服务，利用海外资源提供国外段服务。2021 年，义新欧班列确立了义乌、金华双平台运营模式，截至 2021 年年底双平台运营线路总计 28 条，连通了亚欧大陆 59 个国家和地区。

### 4.5.2 义新欧班列发展历程

2010 年，因义乌不具备火车集装箱国际运输条件，义乌市场的很多商品只能通过汽车运到新疆边境口岸，用边贸的方式出口境外。为了推动商品出口，义新欧班列创始团队开始进行市场调研，通过两年多的努力，获得杭州海关同意建设义乌铁路海关监管场所。

2013 年 4 月，义乌首趟中亚班列开行。沿途停靠站有哈萨克斯坦、乌兹别克斯坦、吉尔吉斯斯坦、土库曼斯坦和塔吉克斯坦 5 个内陆国家。



2013 年 9 月 7 日，国家主席习近平在哈萨克斯坦纳扎尔巴耶夫大学发表演讲[①]，首次提出丝绸之路经济带和“五通”的说法，在道路联通章节，“将打通从太平洋到波罗的海的运输大通道”这句话为义新欧班列的开通开启了曙光。天盟公司于 2013 年 10 月初向义乌市委、市政府递交了《关于开通“义新欧”班列和建设义乌铁路口岸的报告》，提出打通太平洋到大西洋的运输大通道的设想。

2014 年 9 月 26 日，国家主席习近平在会见西班牙时任首相拉霍伊时[②]提到，“义新欧”铁路计划从浙江义乌出发，抵达终点马德里，中方欢迎西方积极参与建设和运营，共同提升两国经贸合作水平。2014 年 11 月 18 日，义乌开往西班牙马德里的义新欧班列，先后经浙

① 引文来源：http://news.cntv.cn/2013/09/07/ARTI1378531506771407.shtml.

② 引文来源：http://news.cntv.cn/2013/09/07/ARTI1378531506771407.shtml.

江、安徽、河南、陕西、甘肃等省份，由新疆阿拉山口出境，再穿越哈萨克斯坦、俄罗斯、白俄罗斯、波兰、德国、法国、西班牙7个国家，最终抵达西班牙马德里。全程13000余千米，历时21天，是目前世界上最长的货运班列。

2015年1月30日，首趟从西班牙马德里返程的义新欧班列开出，于2月22日抵达义乌，主运货物有葡萄酒、橄榄油、乳制品和火腿等。该班列的成功运行标志着义新欧班列往返运行步入常态化运营。

2016年1月28日，开往伊朗德黑兰的义新欧货运班列从义乌西站出发，经新疆阿拉山口出境，途经哈萨克斯坦、土库曼斯坦，奔赴伊朗首都德黑兰，全程10399千米，历时14天抵达终点。这是义乌开出的继马德里后第二个方向的中欧班列。

2016年8月13日，开往俄罗斯车里雅宾斯克的义新欧班列从义乌西站首发，经新疆，通过哈萨克斯坦到达车里雅宾斯克，全程7200千米，历时8天。该班列为义乌成功开行的第三个方向的中欧班列，为义乌小商品出口俄罗斯开辟了一条安全、高效、便捷的国际贸易大通道。



2017年年初，义乌到英国的班列开行，历时18天抵达英国。同年4月29日，义新欧返程班列满载英国制造的货物从伦敦始发，穿越英吉利海峡水下隧道，抵达中国义乌，首次实现义乌到英国班列的往返常态运行。

2018年1月30日，义乌开往莫斯科的中欧班列从义乌西站开出，装载着箱包、袜子、衣架、收音机等货物，历时13天，行程10150千米，为义新欧班列增添了一条新的国际物流通道。

2018年8月3日，中欧班列“圆通号”从浙江省义乌市铁路西站出发，驶往俄罗斯首都莫斯科，全程约10150千米，历时13天，标志着义乌的中欧班列向市场化、多元化、综合化、国际化又迈出了坚实一步。

2019年10月9日，义乌开往比利时列日的班列“eWTP菜鸟号”

首发，响应阿里集团电子世界贸易平台（eWTP）倡议，开通服务中国长三角、中亚和欧洲跨境电子商务的新通道，降低了物流成本，提高了配送效率，开启了中欧班列新时代。

2020 年 4 月 10 日，开往马拉舍维奇的首个义新欧中国邮政专列从义乌西站首发，经新疆阿拉山口出境，历时 13 天，运行 10458 千米，抵达波兰，邮件在波兰被分拨到西班牙、英国、德国、意大利等 23 个欧洲国家。

2020 年 5 月 4 日，义乌—维尔纽斯邮政专列从义乌西站首发，这是义新欧中欧班列第十二条线路。从霍尔果斯口岸出境，途经哈萨克斯坦、俄罗斯、白俄罗斯，最终抵达立陶宛首都维尔纽斯，全程 10146 千米。列车抵达立陶宛后，邮件被分拨至西班牙、丹麦、瑞士、法国等 36 个欧洲国家。这标志着义新欧班列运营线路版图再次扩大。



2020 年 7 月 24 日，义乌开往杜伊斯堡的吉利（吉速物流）中欧班列专列从义乌铁路西站出发，中欧班列吉利专列首发，经新疆阿拉山口出境，途经哈萨克斯坦、俄罗斯、白俄罗斯、波兰等国家，16 天后抵达德国杜伊斯堡。该专列是义新欧贸易服务集团与吉利汽车集团旗下浙江吉速物流有限公司紧密合作的物流实践，是新冠疫情下国际贸易供应链畅通的希望。

2020 年 9 月 10 日，开往巴库的义新欧班列从金华南站出发，经霍尔果斯口岸出境，经哈萨克斯坦的阿克套，换乘轮渡穿过里海抵达阿里亚特港，最终抵达阿塞拜疆首都巴库的埃巴特车站，形成了完整的铁水多式联运体系。

2020 年 10 月 10 日，首趟义乌开往越南首都河内的国际货运班列从义乌西站始发，经凭祥铁路口岸出境，抵达终点，它标志着浙江至东南亚国家的铁路国际物流通道正式开通。去程以机械设备、电子产品、织物及制品、服装等货物为主，回程班列以热带水果、大米、咖啡、干果为主，推进双方的资源互补、互联互通。

2021年10月，义新欧班列满载着100个标准箱扫雪机、饮水机、取暖器及其他日用百货驶向莫斯科，这是该班列首次使用金东平台，成为继郑州、西安、重庆之后第四个使用金东平台开行公共班列的平台。

2021年，义新欧班列迅速发展，先后增开了中吉乌公铁联运班列、义乌—加里宁格勒—罗斯托克班列、义乌—万象中老铁路国际货运列车、金华—莫斯科等多条国际班列线路。

2022年2月28日，义新欧班列“台州号”专列在头门港站首发，经永康东、金华南、义乌西等站，从新疆阿拉山口出境，最终运抵德国杜伊斯堡。该专列采取干支结合、无缝衔接、枢纽集散的运输方式，实现台州货、台州组、台州出，让“台州智造”走向世界。

### 4.5.3 义新欧班列发展现状

1. 义新欧班列开行数量迅速增加



2014年中欧班列（义乌）仅开行1列，2019年增长到528列。2020年金华平台运行，与义乌平台共同服务于班列的发展，班列数量快速增长。加之新冠疫情下承接空运、海运转移货源，实现班列开行数量和货物发送量逆势增长，当年开行1399列，较上年增长了871列，开行量位居全国第四。2021年尽管受运输线路拥堵的制约，开行量仍快速飙升，发展到1904列，实现平均每天4列左右、最高10列，每月开行110列左右的发运频率，进出口集装箱达15.7万标准箱，成为当之无愧的带货王。整个过程呈幂函数增长趋势，见图4-13。

2. 义新欧开通线路不断增加

2014年9月，国家主席习近平首次提出“义新欧”铁路计划，通过近10年的努力，义新欧班列逐步在丝绸之路沿线设立4个分支机构、5个物流分拨中心，实现了亚欧大陆从太平洋直达大西洋的互联互通，形成强大的物流网络辐射能力。截至2021年年底，义新欧金华、义乌双平台运营共开通运行19条班列主线，业务范围辐射亚欧120多个城市，其中主要线路有义乌至中亚五国、马德里、德黑兰

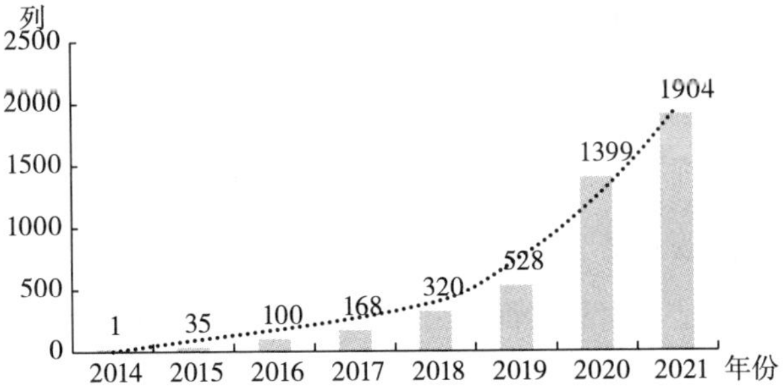


**图 4－13 2014—2021 年义新欧班列开行情况**

注：2020 年和 2021 年班列数量包括从义乌和金华两个平台开出的班列。

资料来源：根据义新欧班列运营平台官网及新闻报道整理而得。

（伊朗）、莫斯科、马扎里沙里夫（阿富汗）、明斯克（白俄罗斯）、里加（拉脱维亚）、伦敦（英国）、布拉格（捷克）、杜尔日（法国）、列日（比利时）、维尔纽斯（立陶宛）、河内（越南）、基辅（乌克兰），义乌—吉尔吉斯斯坦—乌兹别克斯坦，义乌—加里宁格勒—罗斯托克等。其已经成为全国运营方向最多、载重率最高、跨越国家最多、运输线路最长的中欧班列运营线。

3. 运输货物种类多、货源分布广

在义乌至义新欧班列沿线各国的商品结构中，出口货物以日用小商品、饮品、工艺品、玩具、箱包、五金工具等传统劳动密集型产品为主，超过 2000 种。进口货物主要包括来自沿线国家的酒类、食用油、橄榄油、气泡水、饼干、母婴用品、高档厨具、汽车零配件等以及跨境电子商务的货物。从大类来看，排名前五的依次是机械器具、杂项制品、饮料及烟类、金属制品、化学成品及有关产品，以生产资料类、日用消费品为主。货物的贸易方式主要为一般贸易方式。货源广，70% 的货物从义乌出口，其他 30% 主要来自浙江、上海、广东、安徽、江苏、山东、福建、江西等 15 个省（市）。沿线国家和地区的优质商品源源不断地通过返程班列来到义乌，再分拨销往世界的各个角落。班列的客户主体已由原来的 90% 以上都是华人华侨企业，变为现在的 45% 以上是外资客户。

### 4.5.4 义新欧班列发展特点

1. 义新欧班列由小商品支撑起

义新欧班列连接的两端，一端是全球最大的小商品批发市场义乌，另一端是欧洲最大的小商品集散地西班牙马德里，组货和分拨优势明显。义乌是小商品之都，义新欧班列距离货源最近，物流成本最低。货源产品种类繁多，集腋成裘，为班列开行提供了充足的货源。据统计，义乌小商品货物运输量占义新欧班列货运量的70%。为了满足货物运输的需求，班列开出了多家企业合零为整，以拼车运输为主要特征的公共班列。

2. 义新欧班列运营平台是中欧班列中唯一的民企运营班列

义新欧班列是根据市场发展的需要，由民营企业天盟公司承担运营的。班列的开行是依靠民间的力量和民营企业事业发展的狠劲和恒心，实施民企市场化运作，班列体制机制灵活，形成了独具一格的“义乌模式”。班列开行之初按照“有流开、无流停”的市场化方式，不定期开行。随着中欧班列方便、快捷、安全的品牌效应的不断扩大，义新欧班列货运量大幅增长，实现了常态化运行。



3. 货物运价相对最高

义乌作为一个县级市，能给予班列的优惠政策和财政支持是很有限的。义新欧班列的运价，在诸多班列中是最高的。面对激烈的市场竞争，天盟公司着力追求全方位、全过程服务，在提高物流品质上做文章，向增值服务要效益。依托全产业链，实现综合效应最大化。随着零担、邮包等一系列物流产品陆续推出，义乌小商品出口欧洲的贸易总成本将逐渐降低，班列的运输优势也会逐渐显现。

4. 开通多种特色班列

义新欧班列根据运输货物和企业的特点，开出了多种特色班列。一是公共班列。金华海关联合商务局、交通运输局等部门对接义新欧中欧班列金东平台，积极探索公共班列新模式，面向散户，开通具有定路线、定班次、定点、定时、定价等特点的拼箱公共班列，满足不同群体进行贸易交易的需求，特别是中小客户群体。二是产品专列。打造“义新欧班列+产品”运营模式，2020年陆续增开防疫物资专列、跨境电商专列、吉利汽车配件专列、中国邮政运邮专列、玩具专列、中亚进口棉纱专列、整车小汽车班列、化工班列、冷链班列等特色班列和客户定制专列，丰富中欧班列货源，强化产品运输的质量。三是地区专列。为了加强与省内货源地联动，开通义新欧“温州号”(温州—乌兹别克斯坦和吉尔吉斯斯坦)、义新欧“台州号”（临海—杜伊斯堡)、义新欧“诸暨号”（义乌—莫斯科）等单一区域班列，推动产业带与义新欧无缝对接。

5. 地区政府鼎力支持

强有力的地区政府支持是义新欧班列能够顺利运行、快速发展的重要保障。义新欧班列从酝酿、设计到开通，都得到了浙江省政府和义乌市政府的政策支持。2011年，义乌成为国际贸易改革试点试验区，着手开展国际物流大通道建设，义新欧班列被提上议事日程。2013年，义乌海关及时推出“铁路转关”模式，为后来义新欧班列的顺利开通奠定了基础。2014年义新欧班列开通运行之初，为吸引货源，义乌市政府专门给予义新欧班列政策性补助。2015年浙江省政府工作报告提出，继续稳步推进义新欧班列运行常态化，并为义新欧班列正常运转提供一系列便利化服务政策。2017年12月，随着义新欧班列的快速发展，浙江省商务厅强调做好义新欧班列工作的重要性，并要求统筹全省资源，海关、地方政府和铁路运输等部门通力合作，继续做大做强义新欧班列。



### 4.5.5 义新欧班列开行的意义

1. 促进“一带一路”沿线国家融合发展

义新欧班列架起服务于“一带一路”大格局的桥梁。作为目前世界上途经国家最多、里程最长的铁路货运线路，义新欧班列打通了义乌至欧洲、中亚、东盟自贸区的物流运输通道，为途经国家和地区，特别是中国及西班牙的经贸发展带来巨大的发展机遇。义新欧班列依托浙江发达的小商品生产基地和义乌庞大的小商品市场，在马德里建起中国在欧洲最大的小商品集散市场，并逐步成为分拨中心，在中亚、欧洲沿线各国建立起了多个物流分拨中心，形成强大的物流网络辐射能力，开辟了新的区域商贸物流新通道，激发丝绸之路经济带沿线贸易的新活力，促进区域经贸发展。数据显示，自义新欧中欧班列开通以来，西班牙产品向义乌的出口增幅超300%。义新欧班列作为中国“一带一路”的重要举措，将为沿线国家提供更多便利。通过义新欧班列，义乌正逐步与沿线国家实现“政策沟通、道路联通、贸易畅通、货币流通和民心相通”。

2. 促进义乌经济的发展



义新欧班列的开行，是义乌主动融入“一带一路”的重要举措，班列的开通使得市场渠道更畅通，提高了贸易便利化程度，小商品搭乘火车去欧洲，使“一带一路”变得触手可及。义新欧班列的开行同时推动了义乌技术升级，开辟了欧洲技术通往中国市场的新通途，使中国小商品重镇升级为对外交流合作桥头堡，乃至“全球小商品贸易中心”，直接影响着主导产业的发展势头。事实证明，义乌中国进口商品城的生意借此提速，汇集了100多个国家的8万种产品，源头货比例超过60%，成为国内规模领先的“一站式”进口商品采购基地。

3. 促进了浙江等地区经济的发展

义新欧班列货源地向东辐射，与宁波、舟山合作，发展海铁、公铁等多式联运，将陆上新丝绸之路触角延伸至东部沿海省份，以点带线、由线及面，助推“一带一路”及长江经济带沿线地区将市场、资源和产业优势转化为发展优势，为浙江加快融入“一带一路”和提升国家对外开放水平发挥了举足轻重的作用。2019年长三角中欧班列合作框架协议的签署，增强了长三角区域中欧班列运营主体的战略合作，实现了资源优势互补，优化了线路布局，保证了长三角区域中欧班列的一体化协同发展、高质量运行。义新欧班列货源地从浙江扩大到安徽、福建、上海等8个省市，并为全球产业链和供应链的稳定提供了强大的动力，积极践行和促进了“国内大循环，国内国际双循环”。

4. 为全球携手抗疫提供稳定快速的“生命通道”

2020年新冠疫情暴发以来，海运、空运受阻，一柜难求，义新欧班列成为“生命通道”，为全球产业链、供应链的稳定提供了动力。2020年新冠疫情暴发初期，面对国内医疗物资供应短缺问题，义新欧班列迎难而上，奋力担当，充分发挥自身机制体制灵活和快速便捷的优势，抢运了大量境外医疗物资。而当新冠疫情在全球肆虐时，义新欧班列再次行动起来，提出免费为西班牙运输防疫物资的倡议，并开行了多列向西班牙、波兰等多国运送医疗抗疫物资的专列，为全球抗疫事业开辟了“生命通道”。

# 5

# 中欧班列的发展创新

中欧班列成为“一带一路”建设的标志性成果。在当前世界经济深度调整、复苏乏力、国际贸易增长低迷的形势下，中欧班列逆势而上、迅猛发展，不仅得益于中央和地方政府的推动、沿线国家的支持和配合，更得益于地方政府和运营企业对中欧班列的创新发展。

## 5.1 创立中欧班列品牌



中欧班列为畅通中欧陆路贸易通道，实现中欧间的道路联通、物流畅通，服务中国与欧洲间的经贸发展，提供了强大的陆路运力保障。但随着经贸往来的迅速发展，物流需求旺盛，中国许多城市相继开行国际货运班列。班列多了，问题也增多了，如名称标识不统一、市场运营不规范等，削弱了中欧班列的国际影响力。

2013 年中铁集装箱运输有限责任公司成立，主营国内、国际集装箱铁路运输。为了解决内地班列各自为政、相互竞争、难以形成合力的问题，2014 年 8 月 14 日，中铁集装箱运输有限责任公司在重庆举行了首届中欧班列国内协调会议。来自重庆、成都、郑州、武汉、苏州、义乌等城市的政府领导人和各地中欧班列平台公司负责人参加了会议。会议重点讨论了各地中欧班列品牌建设问题，提出了“六统一”，即统一品牌标识、统一运输组织、统一全程价格、统一服务标准、统一经营团队、统一协调平台，打造“快捷准时、安全稳定、绿色环保”的铁路国际联运货物运输品牌。

2016 年 6 月 8 日，中国铁路总公司正式启用“中欧班列”统一品牌，将中国开往欧洲的货运集装箱专列统一命名为中欧班列，旨在集合各地力量，增强市场竞争力，将中欧班列打造成为具有国际竞争力和信誉度的国际知名物流品牌。建设内容主要包括统一品牌建设、统一班列命名、统一品牌标识、统一品牌使用、统一品牌宣传5个方面，其中班列统一命名为中欧班列（始发城市）。如渝新欧班列，改为中欧班列（重庆），“长安号”班列改为中欧班列(西安)。

品牌标识上的每个元素都被赋予丰富的内涵。品牌标识由红白两色构成，见图5-1，红色的“L”像一条迎风飘起的绸带，让人联想到汉字的“一”，寓意着中欧班列在“一带一路”建设中铿锵前行，提供一流服务和创建一流品牌的目标追求；“L”也象征着中国文化与欧洲文化的结合，寓意着丝绸之路经济带的辉煌历史和光明未来。中国铁路路徽以醒目的白色镶嵌般地融入“L”之中，写意又舒展。“CR”是中国铁路的英文“China Railway”的缩写，代表着中欧班列的行业属性，C和R两个字母紧密相连，一气呵成，极富力量感，象征着中国铁路的凝聚力，也彰显出中国铁路开拓创新、走向世界的自信。标识中“中欧班列”及英文名称“CHINA RAILWAY Express”与主徽结合，蕴含着中国铁路架起了连接中欧往来交流的桥梁。中欧班列标识的结构简洁而稳重、动感自然，既突出了铁路特色和国际元素，又凸显了中国铁路稳重、诚信、包容、负责和有实力的品牌形象。

**图5-1　中欧班列标识**

为了提高中欧班列的品牌效应，运营企业中铁集装箱运输有限责任公司充分发挥中欧班列运输协调委员会牵头作用，扎实做好货源营销组织、规范价格管理体系、完善班列平台建设、对外交流合作等工作，形成了系统完整、顺畅高效的中欧班列运营模式，卓有成效地面向国内外客户提供跨境全程物流服务。中铁集装箱运输有限责任公司更在2017年9月，在北京成功承办了跨西伯利亚运输协调委员会第二十六届全体大会，扩大了中欧班列的品牌影响力，提升了中国铁路在国际上的话语权。

## 5.2 监管模式创新

为了推进班列运输的便利化，内陆城市班列创新运输监管模式，积极申请加入安智贸，推动货运班列全面落实国际监管互认、信息共享、执法互助等，简化通关程序，节约通关成本。

1. 安智贸简介

（1）安智贸的宗旨和内涵。安智贸，全称是中欧安全智能贸易航线试点计划，是2005年由中欧海关提出的能对国际物流进行全程监控、降低货物安全风险的智能化国际贸易运输体系的试点计划，是全球第一个全面落实世界海关组织《全球贸易安全与便利标准框架》（以下简称《标准框架》）的示范性国际合作项目，旨在通过中欧海关以及海关与企业的合作，完善业欧间贸易供应链安全与便利的规则，建立安全便利、智能化的国际贸易运输链。

安智贸的内涵在于实现多个地区、多个国家之间海关货物一次通关、一次报验，并且对每个集装箱及箱内货物进行全程监控，形成安全便利、智能化的国际贸易运输链。优先合作领域为数据交换、选取试点企业、共同风险规则、互认监管结果、电子封志/智能集装箱的运用。

（2）加入安智贸试点企业的便利之处。一是监管互认，出口国已对货物实施查验的，进口国原则上不再实施查验，降低进出口货物的查验率，并共同认可任何一方的查验结果，避免重复查验。此举缩短了货物滞港时间，节省了企业通关成本，提高了物流全链条通关时效。

二是优先通关，有安智贸标识的货物可优先提前报关，优先审单，优先办理货物查验和放行手续，便利企业通关，减少货物在边境地的滞留时间。据统计，安智贸海运进口货物通关时间约为 39 分钟，空运进口通关时间为 4～26 分钟，远低于同期货物正常通关时间。

三是安全措施和手段的加强以及安全供应链的进一步实施，可减少货物被盗的可能性、降低货物运输保险费用、提高货物可销售性、提高劳动力的安全性。

四是降低由恐怖主义事件引发的全球供应链中断的风险，并且一旦恐怖事件发生，能帮助企业贸易在最短时间内恢复，并给参与企业一定的经济优势，最大限度地保证参与企业货物的快速通关。

2. 安智贸在中国的推进情况

（1）水路运输安智贸实施情况。2006 年，欧盟首次提出与中国海关合作实施中欧安全智能贸易航线试点计划。在双方的共同努力下，2007 年 11 月安智贸在中国深圳、英国菲利克斯托和荷兰鹿特丹港之间的海运航线上正式实施，首次实现进出口货物在出口环节全流程的一次监管。2009 年 10 月 22 日，包括中国海关在内的 158 个成员海关正式表达了实施《标准框架》的意向。2011 年上海港被纳入安智贸试点港口，此后，深圳、上海、天津、大连、宁波等口岸陆续被纳入安智贸项目试点。2015 年 6 月，中欧海关签署了《中欧 AEO 互认联合声明》，决定 11 月正式实施 AEO 互认。至此，中国已经签署了中新（加坡）、中韩、中国内地和中国香港以及中欧共 4 个 AEO 互认安排。



（2）空运安智贸实施情况。2018 年空运线开启安智贸实施之路。2018 年 3 月，广州海关与荷兰史基浦机场海关合作，国内第一条空运安智贸航线广州—阿姆斯特丹实现常态化运营，广州南沙港与荷兰鹿特丹港新开安智贸海运航线，实现空运、海运安智贸试点双覆盖。2021 年 10 月，荷兰史基浦机场到广州白云国际机场的一条空运安智贸航线开通，这是首例由荷兰海关向我国申请开通的安智贸新增航线。自 2021 年以来，广州海关新增 6 条与荷兰史基浦机场、鹿特丹港的安智贸航线，对荷安智贸航线已达8条。

（3）中欧班列安智贸实施情况。2011年第一条铁路——渝新欧班列开始实施安智贸。依据安智贸，由海关总署出面同俄罗斯等国海关签订“一卡通”合作协议，建立起了跨国海关国际协调机制，启动多国海关“一卡通”绿色通关机制，渝新欧班列在沿途各国海关对铁路运输开展试点，启用安全智能关锁，开展中哈“关铁通”项目测试，推动跨境数据互换、监管互认。

随着班列的运营，不断有班列加入安智贸。2017年年底，厦新欧国际班列启动了安智贸项目，2019年2月，成都加入安智贸试点，并确定中欧班列（成都—罗兹）为安智贸试点航线，试点企业TCL王牌电器（成都）有限公司价值197万余美元的液晶电视配件搭乘中欧班列出口欧洲，实现了中欧海关的快速数据交换、监管互认、执法互助。大庆沃尔沃汽车制造有限公司2019年6月加入中欧海关开展的安智贸项目，成为大庆—满洲里—比利时根特铁路贸易航线的中方参与企业。

2020年2月24日，中国海关总署出台了加快推进与中欧班列沿线国家“经认证的经营者”（AEO）互认和通关便利、“海关—铁路运营商推动中欧班列安全和快速通关伙伴合作计划”等10条措施，助力中欧班列发展。2020年7月，满洲里海关在项目开展过程中主动协调，与比利时海关联合开展跨国数据共享、监管互认，为大庆沃尔沃出口汽车班列提供高效便捷通关措施。满洲里口岸正式加入安智贸项目。

班列运输中实施安智贸，促进了我国与欧洲国际海关间实现信息共享、监管互认、执法互助，提高了进出口货物通关效率，降低了通关成本，助力“一带一路”建设，为西部物流大通道注入了源源不断的动力。

## 5.3 开创通关一体化模式

### 5.3.1 通关一体化简介

所谓通关一体化，简单地说就是“多地通关，如同一关”，被称为“改革开放以来海关最具革命性的变革”。企业可自主选择办理申报、纳税和查验放行手续的便捷通关模式，实现“多关如一关”，惠及所有进出口企业。区域通关一体化后，将有效降低跨关区货物通关时间和经济成本。据测算，将节省通关成本 20% ~30%。在此之前，海关、质检部门合作实现“一次申报、一次查验、一次放行”，并推行到全国所有海关和检验检疫部门，大大缩短了通关时间。

### 5.3.2 在中欧班列中的推进情况

2015 年 4 月 26 日，包括东北三省和内蒙古地区六海关在内的东北地区海关区域通关一体化成功进行了系统切换。2015 年 5 月 1 日，丝绸之路经济带海关区域通关一体化正式启动，通关一体化区域包括青岛、济南、郑州、太原、西安、兰州、银川、西宁、乌鲁木齐、拉萨 10 个海关。打造了一条贯穿丝绸之路经济带的通关高速路，开拓了东连日韩、西至欧洲的国际物流大通道。

自 2015 年年初起，中国海关与丝绸之路经济带沿线国家海关落实“信息互换、监管互认、执法互助”，助推丝绸之路经济带沿线国际物流大通道建设，互联互通，真正做到了“关通天下”。在新疆阿拉山口海关、内蒙古二连浩特海关和满洲里海关都设有专用绿色通道，对班列货物实行 365 天 24 小时预约通关，通关手续随到随办，保证货物半小时内办结转关申报单审核、核注、放行手续，实现了“快速、准确、优质”的通关目标。各海关密切联系配合，针对班列货物品种单一的特点，依托科技手段提升查验监管效率，采用大型货运列车检查系统对班列货物进行机检扫描，实行非侵入式查验，在保证有效监管的前提下，提高班列货物通关速度。

中欧班列沿线口岸都实现了货物电子报关。阿拉山口、二连浩特和满洲里海关电子化通关已成常态，无纸化通关率已经达到100%，减少了列车停靠等待的时间。过去通关要近一天的时间，现在缩短到10分钟以内，即可办结申报、放行等全部通关手续。中欧班列提速后，中欧行程一般控制在11～15天。

2017年5月1日起，开往德国、法国等欧洲国家的中欧班列全都实现了统一运单手续，做到“一单”走欧洲，全程畅通无阻。2017年7月1日，海关总署“全国通关一体化改革”在全国实施。

建设中欧班列进口货源大平台。探索班列进口直通机制，进口贸易简化申报，发展跨境电商进口业务。加快建设更多的海外分市场、海外物流中心和海外仓，拓展班列融资、通关、退税、保险等综合服务功能，积极开展货源对接。

2017年7月1日，海关总署全国通关一体化改革在全国实施。从此，企业可在全国任何一个海关完成申报、缴税等海关手续，做到了申报更自由、手续更简便、通关更顺畅。海关总署将在全国推广应用国际贸易“单一窗口”标准版，将货物通关时间再压缩1/3。



## 5.4 检验检疫创新

### 5.4.1 检验检疫简介

检验检疫是国境卫生检疫、动植物检疫、商品检验的总称，由出入境检验检疫机构对出入境的货物、人员、交通工具、集装箱、行李邮包携带物等进行检验检疫，以保障人员、动植物安全卫生和商品的质量。检验检疫主要目的是检查入境的动植物货品是否携带疫病，以防境外的疫病入境，保护境内的生态环境。

主管部门是出入境检验检疫局。2018年之前隶属国家质量监督检疫总局，2018年划入海关总署。该部门以保护国家整体利益和社会利益为衡量标准，以法律、行政法规、国际惯例或进口国的法规要求为准则（见表5－1），对出入境货物、交通运输工具、人员及事项进行检验检疫、管理及认证，并提供官方检验检疫证明、居间公证和鉴定证明。

**表5－1　我国进出口检验检疫规范**

| 项目 | 法律依据 | 检查要求 | 检查重点 |
| --- | --- | --- | --- |
| 商品检验 | 《中华人民共和国商检法》及其相关法规 | 列入《出入境检验检疫机构实施检验检疫的进出境商品目录》的商品，即强制性法定检验。<br>此外，有合同检验、公正鉴定和委托检验 | 进出口商品的质量、规格、包装是否符合安全、标准。侧重于商业性要求 |
| 动植物检疫 | 《进出境动植物检疫法》及其相关法规 | 全部法定检验 | 进出境动植物有无传染性疾病、寄生虫病或有无携带有害生物。侧重于卫生要求 |
| 国境卫生检疫 | 《国境卫生检疫法》《食品卫生法》及其相关法规 | 全部法定检验 | 出入境的交通运输工具、货物、运输容器及口岸辖区的公共场所、环境、生活设施、生产设备的卫生检查、鉴定、评价、采样检验。侧重于卫生 |

### 5.4.2　中欧班列检验检疫模式创新

为了确保中欧班列快速通关，减少途中各口岸的检验检疫，各班列口岸不断探索和创新班列检验检疫制度。在国内段，中国各口岸检验检疫局在系统内专门推出了针对中欧班列的“检铁信息平台”，实现了铁路运输货物信息TIMIS综合管理系统和检验检疫CIQ2000管理系统的有效衔接，做到班列未启程，信息先行。

1. 国际铁路段实施监管合作机制

2015年11月，国家质量监督检疫总局联合俄罗斯、白俄罗斯、哈萨克斯坦、蒙古国、欧盟等国家和地区有关部门，在北京召开“一带一路”食品安全合作高层对话，倡导建立食品过境监管合作机制。2016 年 8 月，国家质量监督检疫总局派出“一带一路”食品安全合作团组专程赴俄罗斯、白俄罗斯等国，磋商解决中欧班列运输食品过境问题，形成了《建立中欧国际货运班列沿线检验检疫区域合作机制的工作方案》，推进欧亚食品安全大通道的发展。

2. 口岸采用全程视频监控系统和大型设备检查

升级查验手段，采用非侵入、无干扰等现代大型查验设备，降低口岸开箱查验比例，提升查验效率。大型 X 光集装箱检测系统，箱号、车号识别系统，可以精确查到动植物类产品所在的集装箱。保障每批进口肉类查验过程的可监控、可追查。装运肉类的中欧班列途经各个国家时只上报电子数据，不需要接受开箱查验。例如，装载欧洲猪肉的返程班列抵达中国阿拉山口口岸后，新疆检验检疫部门在 30 分钟内能够完成核对证书、集装箱号、铅封号等入境查验工作，并依法对运输工具进行检疫消毒处理。抵达成都后，检验检疫人员及时开检，确保两天内完成所有抽样和实验室检测任务，让欧洲猪肉尽快上市。再如，在波兰海关，高近 20 米、横跨 3 条钢轨的“神秘电眼”，实现了对中欧班列不停车、不减速的实时检查。类似这些全球超大型火车集装箱检查系统，大大简化了通关手续和通关时间。

3. 部分货物实行先通关后查验的监管模式

对有害生物携带风险低的货物，实行先通关后查验的监管模式。先通关后查验，可加快验放速度，缩短货物在口岸的滞留时间，提高返程班列通关效率，避免进口企业产生滞留或仓储等额外费用。深化口岸检验检疫局与内地局的合作，与班列起运地及沿线检验检疫局建立工作协调机制，实现联合监管、便捷通关、信息共享等。检验检疫部门借助中国电子检验检疫系统主干系统，在货物出口环节落实“出口直放”，快速办理检验检疫手续，压缩通关时间。

4. 实施便利通关手续

落实与海关信息互换、监管互认、执法互助的“三互”合作机制，共享返程班列货物相关信息。以二连浩特口岸为例，对出境班列，由始发地局向二连浩特局发送电子信息，由代理企业持始发地局联系单或放行凭单向二连浩特局申报，由二连浩特局现场查验核放。对进境班列，二连浩特局仅实施放射性监测、入境集装箱检疫及表面检疫处理，免于口岸开箱查验，由目的地局实施后续检验检疫工作。内蒙古检验检疫局与俄罗斯、蒙古国相关部门建立检验检疫电子证书核查工作机制，创造了便捷畅通的线路。成都海关在口岸内推行“空检铁放”预检验，优化多式联运通关流程，实现空、铁、公、水多式联运无缝衔接；开展进口食品标签预审核，提升通关速度；建设进口机动车智能检验监管平台，实现进口整车全过程闭环监管。推进风险预警监管体系建设，强化事中事后监管，完善快速验放后续监管。



5. 实施口岸检验检疫协作

为了促进我国与丝绸之路经济带沿线国家经贸往来与合作，推动提升中欧国际货运班列物流效能，国家质量监督检疫总局出台了《建立中欧国际货运班列沿线检验检疫区域合作机制的工作方案》。班列口岸强化区域内检验检疫协作，一地检验全区认可。2015 年召开中欧班列与检验检疫便利化研讨会，满洲里局、苏州局签署苏满欧中欧铁路国际货运班列检验检疫一体化合作备忘录。2017 年，东北四省开始开展检验检疫监管合作，加强检铁合作，以企业诚信和货物风险分析为基础，以信息化管理为手段，完善事中事后监管，实现中欧班列沿线检验检疫机构间信息互换。在西安铁路口岸，为确保国际货运班列运载货物的顺利通关，陕西局陆运口岸办事处积极与口岸兄弟单位协调，实现了检验检疫现场查验人员与海关现场查验人员互相协作、互相配合。针对哈萨克斯坦运至西安的食用油、面粉等，陕西、新疆两地检验检疫部门通力合作，采取后续监管延伸、口岸抽样放行模式。

严格把好土壤、卫生、木质包装三关，确保“长安号”中亚班列顺利入境，没有一批货物因检验检疫原因退运退货。针对国际货运班列运载货物状况，减少环节，一次查验，大大缩短了查验时间，提高了工作效率。

6. 创新肉类内陆查验模式

中欧班列开行后，国家质量监督检疫总局对进口肉类查验模式进行了改革，改变了以往进口肉类只能在沿海沿边检验检疫的做法，允许进口肉类原集装箱、原铅封、原证书直接运输到内陆具备检验检疫条件的指定口岸或查验场，进行检验检疫。让内陆地区的进口肉类在“家门口”接受检验检疫后，直接投放国内市场。2018 年，成都进境肉类指定口岸建成，来自德国、荷兰、乌拉圭、白俄罗斯等国家的冻肉陆续通关，入境货物最快 20 分钟即可通关。破解了前期冻肉的进口准备过程比较长、手续多、要求严的困境。



## 5.5 创新结算方式

为了推动班列的发展，保障进出口所有人的利益，各城市班列不断探索中欧班列铁路提单物权化方案，推动中欧、中亚班列人民币结算。

### 5.5.1 传统铁路运输结算方式

1. 铁运单概述

铁路联运经营企业向客户签发的铁路联运单，是由铁路运输承运人签发的货运单据，是收、发货人同铁路之间的运输契约。铁路运单只是运输合约和货物收据，不是物权凭证，但在托收或信用证支付方式下，托运人可凭运单副本办理托收或议付。

2. 铁运单存在的潜在风险

铁路运单不具备物权凭证的功能，会给铁路联运的当事人带来一定的金融风险，主要表现在以下两个方面：

（1）出口商面临收款风险。铁路运输模式下，货物起运前，如果未收完货款，起运后出口商没有凭证控制货物的所有权，失去对货物的控制权，面临无法预测和控制的应收款风险。货物到达目的站以后，进口商可以自行办理提货手续，如果在拿到货物后不按时向出口商支付货款，出口商将面临十分被动的局面。事实上，中国出口商在这方面遭受损失的案例已有很多，进口商会采用种种办法拖延，为了避免被发货人追讨货款，有些企业甚至注销原有公司。

（2）出口商无法押汇融资。海运和多式联运提单具备物权凭证的功能，出口商可以用提单向银行押汇，申请 L/C 议付和跟单托收等。买卖双方一方面可以通过银行融资服务改善公司的资金流；另一方面也可以通过银行和其他可信的中介机构的参加，借助福费廷等融资工具，降低商业风险。但是因铁路运单不具备物权凭证的功能，银行等金融机构无法围绕铁路联运货物开发合理的金融和信用工具，提供押汇、担保和托收等形式的融资服务。



铁路运输不能向客户签发集承运收据、领货凭证、物权凭证等功能于一体，具有可转让、可抵押金融属性的多式联运提单，因而严重影响了国际铁路联运在国际物流市场中的竞争力，制约了中欧班列的长远发展。

### 5.5.2 铁运单创新

针对铁运单功能的局限性，各班列开启了对铁运单的探索创新之路。

1. 铁运单创新要点

2017 年 4 月，成都国际铁路港开始探索用班列运单解决中小外贸企业的融资难问题，首次尝试把海运提单的物权属性嫁接到班列运单上，拓展班列运单的基本功能。通过物权属性契约化、承运人全程控货、一单到底等制度设计，成功实现铁路运单的物权化改革，并纳入 2018 年国务院深化自贸试验区改革创新的 53 条措施中。

2019年在商务部协助下，成都国际铁路港全面总结、梳理改革经验，形成了一套统 、成熟的制度规范，实现了从运单到提单的重大升维。

2. 铁运单创新的基本做法

成都、重庆等地已经在试点“一单制”，签发自制的“提单”。基本做法是：通过合同约定的方式，明确“提单”是唯一提货凭证，持有正本提单即享有货物所有权；由班列公司承担从中国境外验收货物到中国境内交货“一单到底”的全程物流监管责任；班列公司向托运人签发“收货人”为“凭××银行指示”的提单；托运人凭“提单”向当地银行申请办理议付、结汇、押汇等融资结算服务；进口方履行相关义务后从开证行取得“提单”并据此向签发人提货；铁路运单仍按照铁路运输规则随货物运输，但为保证全程控货，铁路运单“收货人”为签发“提单”的班列公司。

3. 铁运单创新的运用

重庆、郑州、西安等地基本沿袭了成都模式。短期来看，结合中欧班列国际铁路联运的属性，采用铁路运单与多式联运提单的“双轨制”模式，可以直接适用于国际铁路联运，赋予其流通功能。CIFA提单已经进行试点工作。在国内自贸区的试点中，多式联运提单加铁路运单的“双轨制”模式已经用于中欧班列的运输实践。

### 5.5.3 铁运单提单化的益处

1. 赋予运单物权属性

对运输合同、提单条款和信用证条款内容进行有机设计，通过协议赋予班列运单以物权属性。在当事人自愿协议认同的基础上，把“运单”转化成“提单”，谁持有正本提单，谁即拥有提单项下货物的所有权。

2. 货款收取得到保证

明确承运人全程控货责任，见正本提单才能放货。在始发站收货后，承运人签发两份正本提单，一份由承运人留存，另一份质押给银行或担保公司等开证机构。收货人必须从第三方开证机构付款赎单后，才能凭正本提单到目的港提到货。

3. 变商业信用为银行信用

把信用证锁定为付款赎单（D/P）。买方只有向第三方开证机构付款后才能拿到提单，如果买方不按照合同约定付款，第三方开证机构即成为提单最终持有人，进而获得货物的所有权。

4. 便于控制货物

记名运单升级为指示提单（ORDER B/L），确保了提单的可转让性。如果买方未能按照合同约定付款赎单，第三方开证机构可以把提单背书转让给其他购买人，进而实现自身权益。由此，创新模式的主要特点有 3 个：通过当事人之间的契约设计，成功嫁接、移植了海运提单的物权属性；通过承运人全程控货及目的站正本提单放货的约定，实现了提单的流转功能；通过正本提单质押给第三方开证机构或担保机构，破解了买方的融资难题，保障了开证机构的权益。



## 5.6 开创邮包运输

1. 铁路邮包运输条款

1956 年，铁路合作组织（OSJD）颁布的《国际铁路货物联运协定》（以下简称《国际货协》）曾规定："在国际铁路直通货物联运中不准运送邮政专运物品。"2014 年开始，重庆市政府不断与海关总署、国家铁路局、中国邮政集团公司、中国铁路总公司，以及沿线各国铁路部门进行沟通协调。2014 年 3 月，我国铁路部门在铁路合作组织召开的运量计划会上，提出了修改上述协定中有关禁止运邮规定的申请，得到了与会各国铁路部门的普遍响应。2014 年 6 月初，铁路合作组织在立陶宛召开会议，讨论并最终删除了协定中关于禁止运输邮政物品的相关规定。2015 年 7 月 1 日，铁路合作组织公布重新修订的

《国际货协》，取消了铁路禁止运送邮包条款，为中欧班列常态化运邮消除了规则障碍。

2. 邮包运输的发展

2014 年，重庆针对铁路运邮事宜与各部门展开沟通，2016 年 5 月，海关总署正式批准重庆成为国内首个中欧班列运邮试点城市，10 月，26 袋邮包搭乘渝新欧班列，历经 15 天，抵达德国法兰克福邮件处理中心，完成投递。该次运输标志着中欧班列首次全程运邮测试成功。截至 2021 年 4 月，渝新欧班列国际邮包集装箱突破 1000 箱大关，累计发运邮袋总包 44.51 万个。中欧班列（渝新欧）运邮基本实现了常态化运营，正逐步向规模化运营升级。其他城市班列也逐步开通了国际邮包运输，2018 年义乌获批成为中欧班列运邮试点城市，2018 年 9 月，3240 件国际邮件通过义新欧班列运往波兰，标志着义新欧班列常态化运邮的开启。2020 年 6 月，汉新欧班列首次将 10710 件国际邮件运往欧洲，并逐步向常态化方向发展。



3. 中欧班列邮包运输的监管方式

中欧班列针对邮包件多量小的特点，创新通关监管模式，主要表现在以下几个方面：一是将安全智能关锁运用到班列国内段监管，通过安全智能锁统一实施监管；二是中欧班列实现了海关通关与邮政作业系统的数据共享，便于数据的调用和信息共享；三是实现中欧国际铁路运邮电子化通关，通过关锁直接存储，读取邮件详情单、邮件清单、邮件路单等通关信息，实现出境地海关不掏箱、不改变运输方式、监管邮件原箱原车出境。该种监管模式的实施大大提高了邮包的通关效率。

4. 中欧班列邮包运输运费

经过几年的探索，中欧班列针对邮包运输推出了不同类型的跨境物流套餐，主要有欧洲铁路小包、荷邮铁路小包、EMS 铁路、铁路派送等。运输国际邮包运价大约是空运价格的 25%，海运价格的 2 倍。但不同套餐所收费用有所差异，欧洲铁路小包、荷邮铁路小包针对重量低于2 kg的邮包，EMS铁路针对运量低于20 kg的邮包，铁路派送针对重量在15 kg以上的货物，具体邮费标准见表5-2。总体来看，铁路派送针对重量高的邮包，运费最高18元，不及其他运输套餐的1/2，具有明显的竞争优势。

**表5-2　中欧班列邮包运输资费情况**

| 类型 | 地区 | 首重/kg | 限重/kg | 运费率/(CNY/kg) | 挂号费/CNY | 末端派送 |
|---|---|---|---|---|---|---|
| 欧洲铁路小包 | 荷兰 | 无 | 2 | 42.2 | 17.6 | 当地物流 |
| | 德国 | 无 | 2 | 40.5 | 14.5 | |
| 荷邮铁路小包 | 荷兰 | 无 | 2 | 42.9 | 21.0 | 荷邮派送 |
| | 德国 | 无 | 2 | 50.7 | 23.1 | |
| EMS铁路 | 希腊 | 无 | 20 | 41.3 | 23.1 | EMS快递渠道 |
| | 巴西 | 无 | 20 | 78.9 | | |
| 铁路派送 | 德国路向 | 15 | 不限 | 50 kg以下17元/kg，100 kg以下10.5元/kg | — | 铁路派送 |
| | 法国路向 | 15 | 不限 | 50 kg以下18元/kg，100 kg以下12.8元/kg | — | |

资料来源：物流公司调研整理而得。



5. 中欧班列邮包运输的意义

中欧班列全程运邮的实现，意义主要体现在3个方面：

其一，推动“一带一路”经济的发展。全程运邮开辟了性价比更高的国际邮包运输新模式，极大地促进了跨境电商和物流快递的发展，开启了“买卖全球”的贸易新格局，推动我国内陆地区与“一带一路”沿线国家（地区）的深度衔接。

其二，为企业提供了更多的商机。中欧班列全程运邮的开行，为俄罗斯、哈萨克斯坦等丝绸之路沿线国家的无数中小企业带来新商机。数据显示，2016 年阿里巴巴旗下的“全球速卖通”在俄罗斯的用户超过 2220 万人；顺丰对俄罗斯的业务也在迅猛增长，2014 年，寄往俄罗斯的快递每天只有 1 万多票件，到 2020 年，已经增长到每天 20 多万票件。

其三，为中欧班列奠定了货源基础。在全球购的热潮下，国际邮包增长潜力巨大，将成为中欧班列的主力货源之一，助推班列双向常态化运行。

## 5.7 提供个性化定制运输

为了推动中欧班列的发展和有效服务于地方经济，各城市班列不断探索班列运输模式，为客户提供“私人定制”铁路跨境货运服务。从为大型制造企业提供专列服务开始，逐步发展到为中小企业提供公共班列服务，以及为小微企业、跨境电商乃至个人提供拼箱服务，货物运输呈现多元化和个性化。把服务向两端延伸。给客户提供“门到门”的完整物流解决方案、提供报关报检、解决“最后一公里”的仓储配送、发展铁路冷链运输等。总体来说，中欧班列开启“定制”化服务后，涌现出跨境电商、企业专列、运贸一体化等多种运输模式。



1. 企业（特定货物）专列

为了更好地服务客户，各城市班列针对企业的特定产品，竞相开出定制服务专列。定制服务始于 2016 年中欧班列（武汉）的旧家具运输，随后推广到合肥、成都、重庆等班列。

2018 年，中欧班列宜昌柑橘专列发车，经满洲里铁路口岸出境，驶往班列的终点站莫斯科。2019 年 8 月，中欧班列俄罗斯下诺夫哥罗德至山东日照首列木材专列顺利抵达日照港场站。2020 年，义新欧开出运抵捷克首都布拉格的玩具专列，“徐州号”班列满载徐工集团的工程机械产品开往莫斯科，为徐工集团与外国客户之间开辟了一条更加安全、高效、便捷的外贸直通车。2021 年，安徽合肥班列开出首趟

"茶叶专列"，主要运输产自黄山市的中国绿茶，在茶叶企业完成装箱，为黄山市茶叶出口开辟了一条全新的陆路物流通道，也加速了"万里茶道"融入"一带一路"。2022 年 9 月，渝新欧开出长城汽车出口专列，中欧班列（沈阳）为沈阳属地企业开出米其林轮胎定制专列、海尔日日顺定制化专列。

从工厂提货到装车发运，为客户提供"一对一"定制化解决方案。定制化服务为企业提供了高品质专属服务，推动班列更好更快地融入全球供应链。

2. 跨境电商专列

在全球购的背景下，各城市班列先后开出跨境电商专列。郑州、成都、西安、武汉、义乌等城市都在积极探索跨境商贸合作，实践"买全球、卖全球"的多元化、立体化的商贸策略，中欧班列开行的综合效能十分明显。



2019 年 3 月，郑州首开先河，与菜鸟公司合作开通郑欧班列跨境电商"菜鸟号"。"菜鸟号"由郑州发往比利时列日的专线，开启了郑州中欧班列跨境电商包裹运输新模式，这也是中部地区开通的首条跨境电商商品物流专线。2019 年 5 月，西安至明斯克的跨境电商出口班列开行。之前，西安曾首开汉堡至西安的跨境电商进口回程班列，目前，已实现了西安跨境电商专列双向运行。2020 年 9 月，渝新欧开出跨境电商 B2B 出口专列，标志着全国首班中欧班列跨境电商 B2B 出口专列运作成功，重庆成为国际运邮的全国唯一试点城市。2021 年 1 月，广东中欧班列开出首趟"家电定制专列"。2021 年 9 月，石家庄国际陆港开出京津冀首趟中欧班列跨境电商专列，主要承接阿里巴巴国际站线上外贸商家发往欧洲的货物，这是阿里巴巴在全国开行的第一趟跨境电商专列。跨境电商专列的货物以拼箱、组货模式为主。

3. 运贸一体化

（1）运贸一体化概念。运贸一体化是指运输企业、贸易企业等主体开展合作，发挥各自优势，全面参与产品从采购、运输到销售的整个环节。有经济实力的贸易公司，利用自身的实力，组建并完善自己的物流运输服务能力，兼营贸易与运输服务，不仅能满足自身贸易业务对物流运输业务高水平的服务，还能够通过自营运贸业务为物流服务，通过平台，带动物流业务的发展，实现运贸一体化。

（2）运贸一体化的具体方式。运贸一体化实施的方式通常有3种：一是本地货物异地销售，就是把货物买进来，运输到最短缺、最容易出手的地方销售出去。二是本地货物就地销售，就是把货物买进来，卖给买主，再运到买主指定的地点。三是双向运销，就是两个铁路局把本地货物互相运给对方销售。

（3）中欧班列运贸一体化的实践。中欧班列运贸一体化把铁路产品由单纯的铁路运输延伸到销售领域。2015年，武汉班列开出出口俄罗斯的柑橘运贸业务，标志着铁路果蔬运贸一体化经营首次运作成功。随后，运贸一体化不断被用于西安、郑州、重庆、成都等城市班列。2019年2月，重庆首批以运贸一体化模式运输的哈萨克斯坦进口粮食班列运达两江新区果园港。2019年3月，创维电视借助成都中欧班列发运欧洲，首发“创维号”。



## 5.8 运输集装箱创新

中欧班列横跨亚洲大陆，东西绵延上万千米，沿途温差很大，为了确保运输货物的质量，各城市中欧班列都不同程度地使用恒温集装箱，实现了冷链运输常态化。

1. 渝新欧恒温集装箱创新

创设独立蓄热控温集装箱。从重庆到欧洲，铁路所经过的地区全程温差最大达70摄氏度，而温度的改变对半导体的导电能力、极限电压、极限电流以及开关特性等都有很大的影响。重庆专门组织国际大公司和高校合作进行渝新欧铁路的蓄热控温集装箱项目研究，研制出一种15厘米厚的特质保温材料，在重庆等高温地区融化蓄热，降低车厢温度，在亚欧的极寒地带凝固放热，对车厢进行保温，既不需要自动控制，也不需要供能，环保又经济，确保班列冬季电子产品运输不成问题。将该项技术运用于集装箱，成功发明了独立蓄热控温集装箱。截至2018年，该装置已经承运了100多亿元的货物，产生直接经济效益1.13亿元。其中的关键技术，是由中国人民解放军陆军勤务学院牵头完成的，即“渝新欧保温集装箱独立蓄热控温关键技术及产业化”技术，该项目荣获2017年国家科技进步奖一等奖。

2. 郑欧班列恒温集装箱创新

中欧班列运输途中温差大，会导致橄榄油、红酒等玻璃瓶罐装货物破裂。针对这类问题，郑州国际陆港开发建设有限公司与中国国际海运公司共同研制了一款恒温集装箱。该集装箱能够在箱体外装一个专用的柴油发电机组和充电设备，柴油箱容量达到400升，可保证柴油机不停机、连续工作20天之久。另外，集装箱上有远程智能监控装置，利用卫星定位系统，对恒温集装箱实施跟踪监控，以便随时了解集装箱内的温度。全程保持温度恒定，让温度始终维持在零下20摄氏度至零下10摄氏度。郑州国际陆港开发建设有限公司现已定制300多个恒温集装箱，保证了中欧班列的运输需要。2015年5月，首趟恒温集装箱中欧班列满载德国罐装啤酒到达郑州，拉开了中欧班列冷链运输的序幕。



3. 辽满欧班列冷藏集装箱

辽满欧班列全程冷藏集装箱则采用组合式发电机组冷藏系统，一个发电机组同时给8个集装箱供电控温，通过单个冷藏装的控温系统也能实现不同的温度控制。

4. 汉新欧班列

汉新欧班列则是配备集装箱保温大柜，采取为货物穿上保温“水背心”的办法，解决了班列冬季运输电子产品的问题。

## 5.9 创新发展数字中欧班列

顺应数字科技手段与经济发展的趋势，将数字化与中欧班列的优势相结合，改善中欧班列发展中存在的不足，正成为各方关注的焦点。在各方协同下，物联网、区块链等技术逐渐被应用到中欧班列中，新冠疫情发生后，班列数字化程度有了更为明显的提升。数字化技术的运用不仅推动班列提质增效，也加速推进着班列转型升级。

1. 中欧班列数字化现状

（1）加强与国家间的沟通，推进班列运输数字化。中国铁路总公司积极进行数字化探索，主导建立了中欧班列国际铁路合作机制，成立了国内运输协调委员会。2017 年 5 月，借助中欧班列纳入“一带一路”国际合作高峰论坛成果清单的契机，中铁集装箱运输有限责任公司积极参与七国铁路中欧班列运输联合工作组工作，创建了中欧班列国际协调机制。与沿线国家铁路建立了班列运行信息交换机制，及时向客户通报班列途中运行、口岸作业和境外信息；开发了单证制作系统，积极推广使用统一运单，提高通关效率；推出了全程保险服务，使用卫星定位的电子防盗锁，与沿线铁路共建全程安全防控体系。

2017 年 10 月 19 日，为期 3 天的中欧班列运输联合工作组第一次会议在郑州结束。中国、白俄罗斯、德国、哈萨克斯坦、蒙古国、波兰、俄罗斯等国家共同签署了《中欧班列运输联合工作组第一次会议纪要》，标志着中国班列国际合作机制正式建立。七国铁路部门就如何持续深化中欧班列国际合作进行了广泛的协商，共同签署了《中欧班列运输联合工作组工作办法》。

（2）借助物联网、区块链等新技术，深化班列数字化。2020 年，铁路部门研发的 95306“数字口岸系统”上线运行，95306 电话、网站同时提供各种班列信息咨询服务，满足用户的需求，实现铁路与海关信息互联互通，口岸便利化程度和口岸交接效率大幅提升。该系统不仅实现了通过网络完成海关申报和铁路流向变更等手续，而且实现了企业、海关和货代公司之间的信息实时传递、数据共享，将通关时间由原来的半天左右缩短至30分钟以内，口岸便利化程度明显得到提升。同时，中铁集装箱运输有限责任公司依托中国铁路95306网，组织开发国际联运模块，实现了班列网上业务办理、全程追踪、信息资讯、商务订舱、电子支付等服务功能。组建中欧班列客户服务中心，与沿线铁路建立班列运行信息交换机制。向客户跟踪通报班列装车发运、途中运行、口岸作业和境外运行等信息。积极联合各铁路局集团公司，着力提升服务品质，确保中欧班列国际知名度持续扩大。

2. 城市班列数字化状况

（1）蓉新欧班列数字化。2018年，中欧班列（成都）在全国率先提出打造“数字班列”。据悉，成都国际铁路港信息化服务平台包含多个核心功能模块。其中，港务服务模块，负责线上受理各类口岸业务、陆港场站生产作业的指挥和调度；国际班列物流服务模块，负责国际班列的排班、订舱及受理、运输过程管控、集装箱运用管理、计费结算；协同工作模块，负责无缝衔接口岸作业与班列组织工作、与海关相关信息系统实时交互信息；EDI数据服务平台，负责向供应链企业提供数据接入服务，自动交换和处理作业时产生的派工单及凭证等。



（2）哈尔滨班列数字化。哈尔滨班列也在逐步实现数字化。在黑龙江省委、省政府主导下，构建了中俄数字化交通走廊，与俄方共同实现数据信息互认共享、共同推进传统交通载体同步数字化、共同搞好“东北亚物流信息港”建设，携手开启中俄跨境互联互通数字化时代。哈尔滨集团公司自主研发多式联运平台，力争尽快上线运行，以中欧班列为核心，以环渤海港口、船公司、国际货代公司为主要合作客户，整合各自资源和市场，实现全程业务链条的贯通，提供多式联运全程一单制服务，全透明的价格、线路，全程跟踪等物流信息服务，为客户国际联运需求提供全程运输组织和一站式办理服务的操作平台，推动中欧班列快速发展。

（3）乌鲁木齐班列数字化。已上线运营的乌鲁木齐国际陆港区智能场站平台，助力“一带一路”信息联通。据悉，该平台可实现中欧班列运行体系跨国家、跨关区、跨场站、跨公司的无缝联通和智能高效运行，实时动态显示境内外班列运行数据，提供货物追踪、共享境外段班列运行信息、平台订舱等服务，推动物流通道的畅通，打通海内外的铁路、口岸、海关等多个信息孤岛，构建从源头到终点的全程信息链条。

（4）“长安号”班列数字化。西安国际陆港集团推出的“陆港云码头”让各方眼前一亮。该平台利用数字化助力中欧班列（长安号）的发展，致力于解决中小微企业在国际物流市场中遇到的有关时间长、成本高、风险大等一系列问题。而且，“陆港云码头”平台利用信息化的手段使中欧班列（长安号）与公路、铁路、海运、空运建立全方位合作关系，实现运输联动一体。



3. 中欧班列数字化表现

中欧班列数字化建设主要体现在以下 3 个方面：

（1）通关数字化。以中铁集装箱运输有限责任公司中欧班列客服中心为基础，进一步促进其与沿线国家铁路、海关、检验检疫、单证等信息系统的电子数据交换与共享，实现无纸化信息交互，促进电子预报关和单据预审，推动数字中欧班列建设。

（2）信息交换数字化。进一步完善国际联运信息平台，逐步构建国际多式联运一体化信息平台，继续推进与欧洲等国家间国际联运运单、跟进追踪信息等信息交换，并促进海铁联运、公铁联运体系建设，促进铁路、公路、海运等多种运输方式间信息共享，并推行“公铁水”“一票到底”运输单证，降低成本，提高运营效率，推动中欧班列贸易通道高质量发展。

（3）运输过程监管数字化。推动移动互联网、“北斗”系统、大数据、区块链、云计算、物联网等技术在中欧班列中的应用，加强与沿线国家在动态数据交换、跨境电子商务等方面的合作。与此同时，铁路会同有关部门研发了班列全程卫星定位跟踪系统，通过监测车门开关状态并设置区域报警，保障了货物运输安全；通过实时定位监控，完整记录存储列车往返经纬度、温度、海拔高度、实时时间、速度等信息，解决了班列信息实时传送的难题。

## 5.10 中欧班列创新发展取得的成效

中欧班列创新发展的成效主要体现在提升时速、提高效率、降低运输成本 3 个方面。

1. 提升班列时速

2014 年 7 月 1 日，中国铁路总公司按日行 1000 千米以上标准，为中欧班列配备“和谐型”大功率机车，正式将时速从 80 千米提升到 120 千米，经过几年的实践，已经实现全面提速换挡。中国铁路总公司对中欧班列运行严格把控，在运输调度指挥中心专门设立了中欧班列调度台，负责中欧班列箱源调配、运行盯控、中转集结、分拨配送、国外运输协调和信息追踪服务等工作，按照高于客车等级安排中欧班列开行，推进中欧班列“大提速”进程。



2. 提高通关效率

中国铁路总公司加强与班列沿途各国铁路部门的合作，要求优先安排中欧班列车皮、人员通关，保证 4 小时内完成换装出站。目前，中欧班列在哈萨克斯坦等边境站无须排队，优先通关，基本实现 3 小时内通关。列车运行速度的提升，使中欧班列的运行时间不断缩短。几年来，中欧班列境内日均运行 1300 千米，中欧班列正点率达到了 99.7%，日均运行 1300 千米以上，比在沿线其他国家日均多运行 300 千米以上。全程运行时间一般在 12～15 天，最快 10 天抵达欧洲，比海运节约 20～30 天。

3. 降低班列运输成本

2016年以来，中国铁路总公司大力协调沿线国家政府和相关部门，共同给予了欧洲段班列运价优惠，大幅降低全程物流成本。中欧班列全程运价较开行之初已下降30%以上，达到开行以来的最低水平，受到了沿线国家政府和企业的欢迎。

## 5.11 物流运输服务模式创新

不同城市班列，根据班列运营主体的优劣势，不同程度地创新运输服务模式，以此达到吸引货源、提升班列竞争优势的目的。

1. 运营主体

（1）国有企业运营。是指通常由地方的国有企业参与成立的班列运营企业，如成都、重庆、武汉、西安等。这类运营主体与地方政府关系密切，能够较方便地获取地方政府的政策性补贴。成都国际铁路班列有限公司就是地方政府参与下的班列运营企业。



（2）铁路局集团公司与中铁集装箱运输有限责任公司合作运营，负责运营管理，如中欧班列（昆明—鹿特丹）运营主体为中国铁路昆明局集团有限公司、中铁集装箱运输有限责任公司昆明分公司和云南省后谷咖啡有限公司。西宁、东莞班列运输采用的也是这种运营平台。这类运营主体具有较好的境内铁路运输条件，在铁路集装箱租用、场地运用上具有优势。

（3）由政府委托货运代理公司进行全程管理运营。如中欧班列（兰州—阿拉木图）运营主体为中国外运长航集团有限公司。南京、宁波等班列也采用此类模式。这类企业具有好的货源获取渠道和对外运输沟通的经验和能力。

总之，在中欧班列的运输协调中，由于班列运营平台在属性及代理合作方式等方面存在差异，每个平台都形成了相对独特的运营模式特征，不同平台公司也凭借自身的资源配置和线路运营为客户提供多样化的服务。

2. 运营主体的货运服务链创新

面向不同客户类型，通过平台公司（中欧班列的主要运营商）在服务链上的延伸构建了4种运输服务模式：地方班列平台公司境内+中铁集装箱运输有限责任公司境外服务模式、中铁集装箱运输有限责任公司境内+地方班列平台公司境外服务模式、平台公司全程“站到站”运输服务和平台公司全程“门到门”物流服务模式，并从作业附加值方面体现了运输服务模式之间的差异。

# 6

# 中欧班列的带动效应——以渝新欧为例

## 6.1 中欧班列带动效应研究现状

### 6.1.1 交通运输条件对经济影响的研究

1. 国外相关研究

Bougheas 等（1999）基于李嘉图贸易模型，通过内生化运输成本变量，发现基础设施水平和贸易流量之间存在正向关系。Donaldson（2018）在前者的基础上，将李嘉图贸易模型拓展为具有贸易成本的多地区、多产品的分析框架，发现交通基础设施可以通过降低贸易成本、缩减区域间的价格差以及改善贸易环境而最终促进地区贸易的增长。Limão 和 Venables（2001）、Francois 和 Manchin（2013）、Bensassi 等（2015）基于引力模型研究发现，良好的交通运输条件对进出口国家的贸易运输有着积极的影响，交通设施的数量、大小和质量均对出口有正向影响。



2. 国内相关研究

（1）关于交通基础设施对省域经济影响的研究。朱琳（2022）借助动态面板系统 GMM 模型和空间杜宾模型，分析了 1992—2019 年我国 31 个省份交通基础设施建设对区域经济差距的影响，研究发现交通基础设施建设对省域区域经济差距的综合影响是正向的，有助于缩小省域区域经济差距。孙伟增（2022）对我国 280 个地级以上城市 2005—2019 年高铁建设对产业结构的影响进行了研究，结果显示高铁开通显著促进了产业结构升级。王永进（2010）、刘生龙（2011）、李素英（2021）、李国良（2021）、潘林伟（2021）等国内学者认为交通基础设施能显著促进地区经济发展。

（2）关于交通基础设施对外贸影响的研究。陈丽丽（2014）指出交通基础设施建设能有效降低内地与边境口岸的运输和贸易成本，显著提高出口贸易水平。梁双陆（2016）研究发现基础设施互联互通能够明显降低边界的屏蔽效应。谢东升（2021）基于 McCallum 引力模型，对中国与俄罗斯、印度等 8 个相邻国家 2008—2017 年的贸易、铁路总里程和航空货运量进行了研究，结果表明铁路总里程能够弱化中国对周边国家出口贸易的边界屏蔽效应。张艳艳（2018）发现交通基础设施与经济增长呈现显著的倒“U”形关系，交通基础设施条件的改善和交通基础设施投资的增加均能显著促进“一带一路”沿线国家的经济增长，但这种促进效应的大小与各国经济发展水平和基础设施条件有关。谢众（2021）研究了 2000—2013 年交通基础设施对企业出口国内增加值率的影响，发现其能促进我国“双循环”的发展。王莉莉（2020）认为中国对“一带一路”的大力投资建设是一个机遇，使得“一带一路”沿线国家获得了多方共赢的成效，也为多个经济建设主体带来了获得感。



### 6.1.2 针对中欧班列带动效应的研究

1. 中欧班列对“一带一路”沿线国家带动效应的研究

现有文献从定性和定量两个角度来进行中欧班列对“一带一路”沿线国家贸易的带动效应的研究。

（1）从定性角度论证中欧班列带动效应的研究。学者认为中欧班列是“一带一路”倡议下互联互通的重要举措，构建了连接欧亚经济圈的国际贸易物流大通道，作为内地区域对外开放发展的核心关联产业，其作为生产与销售、国内与国外的纽带以及参与国际市场竞争的作用越发重要，对沿线地区的产业和贸易具有辐射和带动效应，为产能和贸易转移提供了有效支撑，成为区域经济发展新的增长极，在国际经济合作与贸易上成为不可或缺的一部分。

学者认为中欧班列重构了国际贸易的经济地理，扩展了国际陆港的经济辐射范围。作为产品、资源运输集散的载体，中欧班列对沿线和内地资源、商品的流动性有一定的影响。中欧班列降低了内地资源流动的成本，使得内地在生产上更能充分发挥和利用资源上的优势，提升了班列与内地区域经济、资源流动、相关设施的集成度，加快了中国“向西开放”的步伐（裴长洪、刘斌，2019），为中西部内陆城市提供了稳定的国际物流通道保障，将从根本上改变内陆地区发展外向型经济必须依赖海港的历史格局，促进内陆地区“沿海化”，对中西部内陆地区扩大对外开放和贸易进出口产生催化作用。李佳峰（2016）指出中国是欧洲的首要进口来源地和第二大出口市场，中欧班列的开行推动了中国“一带一路”倡议，展现出中欧合作共赢的美好愿景。张宁（2018）指出中欧班列的开行深化了丝绸之路经济带沿线国家的互联互通，促进了中国与沿线国家以及其他欧洲国家之间的经贸合作。许英明（2020）认为中欧班列缩短了贸易时空距离，畅通了中国与沿线国家的贸易，促进了产业集聚。



（2）从定量的角度验证中欧班列带动效应的研究。许娇（2016）认为中国经济增长具有显著的空间相关性，交通基础设施的发展对于提升区域经济具有明显的带动与促进作用。黄森（2018）运用 SBM - undesirable 模型研究了中国与中欧班列沿线 21 个国家之间的绿色投资效率，表明中国与沿线国家之间的绿色投资效率总体水平不高，但始终保持上升趋势。于民（2019）运用贸易引力模型验证了中欧班列开行数量对中欧贸易的吸引力正在上升，中欧经贸关系更加紧密。年猛（2019）研究发现交通距离是影响技术集聚和经济集聚的重要因素之一，交通基础设施可以大幅提升区域间的经济集聚力。陈玲玲（2020）基于贸易引力模型，分析了 2015—2019 年中国同世界各国的引力系数，并借助双重差分对引力系数进行了分析，结果显示近年来中欧班列显著提升了中欧贸易的吸引力。舒芹（2022）运用 PSM - DID 与 SLM 方法，研究了中欧班列对中国与丝绸之路经济带沿线 21 个国家 2003—2019 年农产品贸易的影响，结果表明中欧班列开通对沿线国家农产品贸易有积极的促进作用，对于邻近国家的作用更为明显。

2. 中欧班列对内陆经济影响的研究

中欧班列对内陆经济的影响通常体现在对经济、贸易的带动效应方面。韦东明（2021）运用多期双重差分法，研究发现中欧班列的开通显著推动区域经济高质量发展，通过技术创新效应、产业结构效应、资源再配置效应等机制渠道推动区域经济高质量发展，其中，中西部地区表现更为明显，且集中于大中型城市和非资源型城市。周学仁（2021）采用双重差分方法研究了中欧班列开通的贸易增长效应，结果发现相较于未开通中欧班列的城市，开通城市的出口和进口规模均显著增长。龚勤林（2019）采用多期 DID 和 DDD 方法证实了长江经济带中欧班列开通对所在地区出口贸易量具有显著的正向影响。李佳（2021）指出中欧班列从创新驱动、金融发展及贸易增长等维度发挥作用，显著推动了开通区域的产业升级。刘恩专（2020）采用回归分析法、倾向匹配倍差法证明了中欧班列对于沿线城市加工贸易额的促进作用大于一般贸易；对于起点城市的贸易促进作用大于班列途经城市。



综上所述，大量研究集中于中欧班列对沿线国家经济、贸易的影响，以及对内陆省份经济的影响，但缺少针对各城市班列对地区经济的带动效应研究。鉴于此，本书认为研究城市班列对地区经济的带动效应意义重大。渝新欧是最早开行的、实力最强的班列，因此以渝新欧班列为例，分析班列与重庆经济发展之间的相互影响关系，论证班列对经济发展的带动效应，不仅能有效补充班列带动效应理论，也能为有效认清城市经济发展趋势提供有效参考。

## 6.2 渝新欧班列的带动效应理论机制研究

### 6.2.1 渝新欧班列对重庆经济的增长极效应

1. 增长极理论

增长极概念是由法国经济学家弗朗索瓦·佩鲁在1950年首次提出的，他认为增长极是一定经济环境或经济空间中的一个推进型单元，该单元具有强劲的发展动力，并通过吸引和扩散作用与周围经济环境相结合，在促进自身发展的同时，带动周围环境协同发展，从而形成经济区域或经济网络。该观点抽象模糊，因此20世纪60年代法国地理学家布代维尔（Bouderville J.）又提出“区域发展极”概念，将其落实到现实的地理性经济空间，认为增长极是位于城镇或其附近的区域推进型产业的复合体，是引导区域经济进一步发展的地理“增长中心”。经济学家赫希曼（Hirschman A.）提出主导部门和重点地区优先增长的极化理论，在区域发展中应当优先发挥部门和地区增长极的极化效应，通过扩散效应，缩小地区差距，促进经济全面发展。



综合而言，增长极理论的主要观点是，条件较好的地区和产业是区域经济发展的主要依靠，应把少数区位条件好的地区和少数条件好的产业培育成经济增长极。但是，增长极同样是具有极化作用的，产业和推动性工业的发展由增长极主导，具有相对利益，增长极所产生的吸引力和向心力，使得周围地区的劳动力、资金、技术等生产要素向核心地区转移。因为周围地区的各类生产要素的转移使得其资源匮乏或资源链断裂，周围区域的发展机会被逐渐剥夺，经济发展的差距在核心地区与周围地区之间逐渐扩大。

2. 渝新欧班列的增长极效应

渝新欧班列通过经济辐射效应，带动相关产业链或周围区域产生联动，促进了重庆经济的发展，从而推动整个区域经济的崛起。渝新欧班列的开行，使重庆围绕国际铁路运输推进物流行业逐步形成有活力、高度集中的产业，通过扩散效应，带动地区贸易发展、相关产业企业聚集、外商投资等，形成以国际铁路运输为龙头的产业链条。在带动重庆外向型经济发展的同时，逐步带动整个区域经济的发展，以及周边地区经济的发展。

从实践来看，渝新欧班列开行 10 多年来，明显带动了重庆经济的增长。渝新欧班列的开行吸引了大量企业聚集，带动了地区经济增长。产品价值高、中欧贸易量大的企业大量在重庆聚集，主要有宏碁、惠普、华硕、东芝、索尼 5 家电脑品牌商和富士康、广达、英业达、仁宝、纬创、和硕六大电子产品代工企业进驻，再加上相关配套企业，如笔电塑胶件配套料件企业的进入，机壳、键盘、螺母、转轴等企业的进入，形成了笔记本电脑品牌商、代工商、零部件配套企业的垂直整合体系，成为全球最大的笔记本电脑生产基地。2018 年重庆笔记本电脑产量为 5730. 2 万台，占全球产量的 35. 6%，笔电产量连续 5 年位居全球第一。同时吸引相应的物流公司、货代公司在此聚集，促进了贸易的发展，吸引了外商投资。



### 6. 2. 2　渝新欧班列的投资乘数效应

班列是具有强综合性的运输行业，班列建设的投资对其他行业同样具有极强的带动效应，同时因其性质决定其投资乘数具有很大的投资效应。行业集成程度还与投资效应的大小具有密切关系，在班列建设过程中可以带动其地方经济的发展，重新激活一些衰退的货运体系。外向型发展的新出口使得部分内陆城市找到了新的方向，并且班列线路所经过的地域，为新的物流和工业的崛起提供了良好的发展环境。班列的运营为中欧地域之间提供了更为方便的陆路通道，不但推动了沿线国家的经济发展，而且使得沿线国家之间的铁路、口岸、海关的相互合作更为密切。班列更是推广实施“一站式”服务、“一体化”通过和“全过程”监管的高效能服务，并且措施的施行使跨国运输的成本大大节约，显著地提升了各国商品的市场竞争力。

## 6.3 渝新欧班列对重庆经济的带动效应描述分析

首先，渝新欧班列的实施刺激了重庆经济的增长。如今的重庆是全球主要的笔记本电脑生产基地之一，吸引了多家国内外品牌笔记本电脑制造商出口制造基地在此落户，其所生产的产品销往欧洲等国家和地区。其次，据中新网记者从重庆市发展改革委了解，中欧班列（渝新欧）从团结村、鱼嘴两站始发，经阿拉山口、霍尔果斯、二连浩特、满洲里、绥芬河、凭祥6个口岸出入境，31条成熟运行线路通达辐射亚欧26个国家的40余个城市，同时运行集结分拨网络也正在加速扩张并且建设成为完整的班列系统。2017年，渝新欧班列整体收购德国杜伊斯堡6000平方米仓库并投入运营，成为全国中欧班列中唯一拥有自主产权海外仓的线路。同时，与俄罗斯、白俄罗斯及匈牙利等国加强海外仓储的服务合作，根据市场客户需求择机开拓其他海外区域，不断增强海外集散分拨能力。



重庆地处我国内陆西南部，是我国“一带一路”政策中重点发展的21个班列的主要枢纽之一。同时，其作为我国重要的国家中心城市、中西部地区唯一的直辖市，是长江上游地区的经济、金融、科创、航运和商贸物流中心，国家物流枢纽，西部大开发重要的战略支点、“一带一路”和长江经济带重要联结点，以及内陆开放高地、山清水秀美丽之地。重庆地处中西部地区接合部，也是长江上游地区唯一汇集水、陆、空交通资源的超大型城市，西南地区综合交通枢纽。重庆在国家区域发展和对外开放格局中有着独特且重要的作用，肩负推进新时代的西部大开发重任，并在其中发挥着重要的支撑作用，在推进共建“一带一路”中发挥着带动作用，在推进长江经济带绿色发展中起到示范作用。

### 6.3.1 渝新欧班列开行情况

渝新欧班列自2011年3月19日开始运输以来，截至2021年年末累计开行班列7101列，在各城市中欧班列运输货值中位居全国第一。具体来看，2020年渝新欧开行重箱折算列2603班，同比增长超70%，位居西南第一、全国前二；运输箱量超22万标准箱，同比增长超65%，货值位居全国第一。拥有渝新欧国际大通道，境外有10个国家和10余个集散地，承运的货物种类主要有家用电器、汽车配件、机械设备、服饰百货、食品以及电商货物等，货物品种逐步扩展至高附加值、IT等电子产品。

### 6.3.2 渝新欧班列对重庆经济的影响

渝新欧国际联运大通道的建设，打破了中国传统的以东部沿海城市为重点的对外贸易格局，加快实现了亚欧铁路一体化建设，搭建起了与沿途国家的经济联系和文化交往桥梁。对于重庆而言，渝新欧班列彻底改变了重庆内向型经济结构，对重庆发展世界性产业集群、成为内陆地区的开放高地功不可没。



1. 促进经济发展

从经济总量上来看，重庆地区生产总值由2010年的8065.26亿元增长到2020年的25002.79亿元，见表6-1。10年间重庆市地区生产总值年均增长速度约为2.69%，第二产业在2010—2020年增幅稳定，年均增长率约为17.9%。第三产业在2010年产值为3724.33亿元，2020年产值为13207.25亿元，10年间增长率为255%，年均增长率约为25.5%。渝新欧班列的运行带动了产业的聚集，吸引了18家世界500强企业入驻，配套产业也不断壮大，形成了电子信息产业集群，为第二产业的发展奠定了基础；同时渝新欧班列的运行使重庆成为商品的聚集和分拨中心，吸引和产生了物流、金融、保险等服务类企业，进而促进了旅游、教育等相关产业的发展，推动了第三产业的发展壮大，也促进了重庆经济的发展。

**表 6－1 2010—2020 年重庆产值情况**

| 年份 | 地区生产总值/亿元 | 指数 | 第一产业/亿元 | 指数 | 第二产业/亿元 | 指数 | 第三产业/亿元 | 指数 |
|---|---|---|---|---|---|---|---|---|
| 2010 | 8065.26 | 103.2 | 659.10 | 106.1 | 3574.06 | 122.6 | 3724.33 | 112.4 |
| 2011 | 10161.17 | 105.3 | 805.25 | 105.1 | 4518.89 | 121.0 | 4723.93 | 114.0 |
| 2012 | 11595.37 | 102.6 | 892.26 | 105.3 | 5244.21 | 116.6 | 5319.79 | 111.9 |
| 2013 | 13027.60 | 102.7 | 941.24 | 104.7 | 5900.06 | 112.8 | 5991.52 | 113.0 |
| 2014 | 14623.78 | 101.8 | 990.75 | 104.4 | 6637.24 | 112.8 | 6694.92 | 109.9 |
| 2015 | 16040.54 | 101.3 | 1067.72 | 104.8 | 7195.00 | 111.4 | 7527.08 | 111.6 |
| 2016 | 18023.04 | 101.8 | 1236.98 | 104.7 | 7765.38 | 111.3 | 9020.68 | 111.0 |
| 2017 | 20066.29 | 101.0 | 1276.09 | 104.0 | 8455.02 | 109.3 | 10335.18 | 109.9 |
| 2018 | 21588.80 | 102.0 | 1378.27 | 104.4 | 8842.23 | 103.0 | 11367.89 | 109.1 |
| 2019 | 23605.77 | 102.7 | 1551.59 | 103.6 | 9391.96 | 106.4 | 12662.22 | 106.4 |
| 2020 | 25002.79 | 102.3 | 1803.33 | — | 9992.21 | — | 13207.25 | — |

数据来源：《重庆统计年鉴》。

2. 进出口额增速明显提升

渝新欧班列建设前后相对比，重庆的进出口业务得到了迅速发展。由表 6－2 数据可以看出，在渝新欧班列建设后，重庆的进出口额明显大幅提升，进口额在 2010—2014 年提升幅度大，在 2014—2016 年两年间有年均 17.9% 的回落，但是在 2016—2019 年进口额又稳步回升。出口额与进口额的发展情况几乎相同，在 2010—2014 年有较大的增幅，在 2014—2015 年有 39% 的回落。进出口总额在 2010—2014 年有较大的涨幅，在 2014—2016 年有年均 17% 的降幅，在 2016—2019 年又稳定增长。渝新欧班列的建设不仅促进了重庆第二、第三产业的发展，还对重庆的进出口业务产生了推动效应，促进了其发展。

**表 6－2 2010—2019 年重庆进出口情况** 单位：万美元

| 年份 | 出口额 | 进口额 | 进出口总额 |
|---|---|---|---|
| 2010 | 748875 | 493759 | 1242634 |
| 2011 | 1983813 | 937973 | 2921786 |

续表

| 年份 | 出口额 | 进口额 | 进出口总额 |
|---|---|---|---|
| 2012 | 3857043 | 1463315 | 5320358 |
| 2013 | 4679749 | 2190661 | 6870410 |
| 2014 | 6340935 | 3204089 | 9545024 |
| 2015 | 5518994 | 1928662 | 7447656 |
| 2016 | 4069415 | 2207710 | 6277125 |
| 2017 | 4259899 | 2400492 | 6660391 |
| 2018 | 5137710 | 2766302 | 7904012 |
| 2019 | 5379892 | 3016514 | 8396406 |

数据来源：《重庆统计年鉴》。

3. 重庆对外投资明显增加

在渝新欧班列开行后，由于地区独特的发展资源，重庆吸引了多家外资企业入驻且还在逐年增加，并吸引外资企业进行投资，外商投资企业的出口额和进出口总额也得到了提升，同时，外商投资企业进口总额也在持续稳定增加，见表6－3和表6－4。《重庆统计年鉴》显示，在2010—2018年，第二产业的贡献度在下降，但是第三产业的贡献度在增加，并且成为重庆的支柱产业。第二产业拉动度随着第二产业的贡献度也在逐年降低，但第三产业的拉动度并未因为第三产业成为重庆市的支柱产业而提升。所以，在渝新欧班列带来投资、发展机会的形势下，重庆市应该在将第三产业发展为支柱产业的同时，提升第三产业的拉动度，以带动周边产业的发展提升，形成高集成度的产业集群，使自己的区域优势得到最大限度的发挥，使第三产业在经济利益最大化的同时带动其他相关产业协同发展。



表6－3　2010—2018年重庆第二、第三产业情况　（%）

| 年份 | 第二产业贡献度 | 第三产业贡献度 | 第二产业拉动度 | 第三产业拉动度 |
|---|---|---|---|---|
| 2010 | 68.7 | 28.1 | 11.8 | 4.8 |
| 2011 | 57.5 | 39.9 | 9.4 | 6.6 |
| 2012 | 56.9 | 40.2 | 7.7 | 5.5 |
| 2013 | 49.2 | 48.2 | 6.1 | 5.9 |

续表

| 年份 | 第二产业贡献度 | 第三产业贡献度 | 第二产业拉动度 | 第三产业拉动度 |
|---|---|---|---|---|
| 2014 | 55.6 | 41.9 | 6.1 | 4.5 |
| 2015 | 49.7 | 47.7 | 5.5 | 5.2 |
| 2016 | 48.0 | 49.1 | 5.1 | 5.3 |
| 2017 | 46.1 | 51.2 | 4.3 | 4.7 |
| 2018 | 22.8 | 72.7 | 1.4 | 4.3 |

数据来源：《重庆统计年鉴》。

**表 6-4　2012—2019 年重庆外商投资情况**

| 年份 | 外商投资企业数/户 | 外商投资企业投资总额/百万美元 | 外商投资企业进出口总额/千美元 | 外商投资企业出口总额/千美元 | 外商投资企业进口总额/千美元 |
|---|---|---|---|---|---|
| 2012 | 4461 | 53694 | 24947048 | 16166124 | 8780924 |
| 2013 | 5397 | 58841 | 37640378 | 25811229 | 11829149 |
| 2014 | 5147 | 67517 | 43102342 | 31433864 | 11668478 |
| 2015 | 5009 | 78845 | 36090620 | 26418876 | 9671744 |
| 2016 | 5555 | 88065 | 33332699 | 23242982 | 10089717 |
| 2017 | 5739 | 94558 | 38839634 | 27742281 | 11097353 |
| 2018 | 6299 | 110686 | 44647486 | 32264301 | 12383185 |
| 2019 | — | — | 48439946 | 32909838 | 15530108 |

数据来源：前瞻数据库。

## 6.4　渝新欧班列对重庆发展带动效应的实证分析

采用协整理论和因果检验对渝新欧班列发展与腹地经济增长的关系进行计量分析和实证研究，并检验渝新欧班列发展对重庆经济增长的带动作用。

### 6.4.1　样本数据介绍及描述性分析

出于对数据的可得性和统计口径一致性的考虑，本书采用以下几个变量来分析渝新欧国际班列发展水平与腹地经济增长之间的关系：

*LNTIN*：渝新欧班列开行数量的对数值，代表渝新欧班列发展水平，单位为列。

*LNCGDP*：重庆市地区生产总值的对数值，单位为亿元。

*DLNTIN*：渝新欧班列开行数量的对数值的一阶差分。

*DLNCGDP*：重庆市地区生产总值的对数值的一阶差分。

班列开行数量来源于中新网、新华社及地方媒体公开报道；重庆地区生产总值来源于2011—2020年的《重庆统计年鉴》。为消除物价因素，以2011年的价格为基期价格，对重庆市地区生产总值的数据进行价格调整。使用EViews 6.0计量软件进行分析。

为了更为直观地反映样本数据之间的关系，并获得一定的感性认识，下面先对样本数据进行描述性分析。渝新欧班列货物吞吐量与重庆市地区生产总值在2011—2020年呈非线性相关（见图6-1），两者取对数后，总体上呈线性相关（见图6-2）。



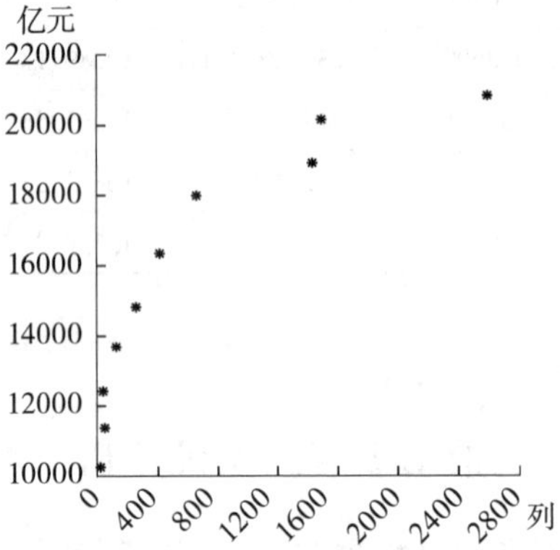


**图6-1 重庆市地区生产总值与开行班列之间的关系**

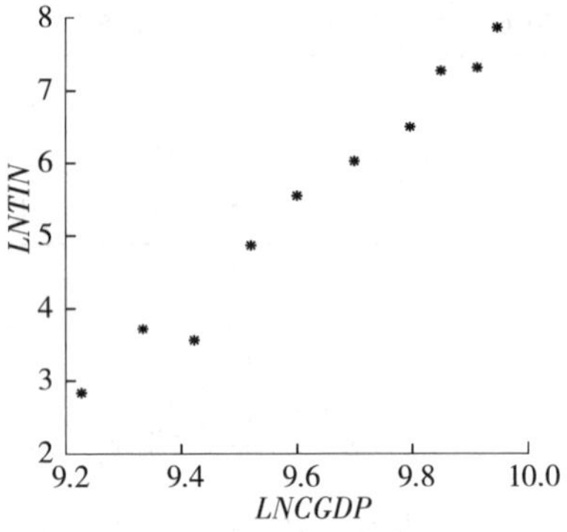


**图6-2 重庆市地区生产总值与开行班列对数关系**

重庆市地区生产总值与开行班列随时间呈递增趋势，增速不等，见图6-3，可见是非稳定数列。重庆市地区生产总值与开行班列的对数数列也存在一定的关系，但差距相对明显减缩，见图6-4。

重庆市地区生产总值与开行班列对数的一阶差分图分别见图6-5、图6-6，从图中可以看出，一阶差分后的序列趋势消失。

初步判定原始数列是非平稳性的，各变量之间存在一定的长期稳定关系。

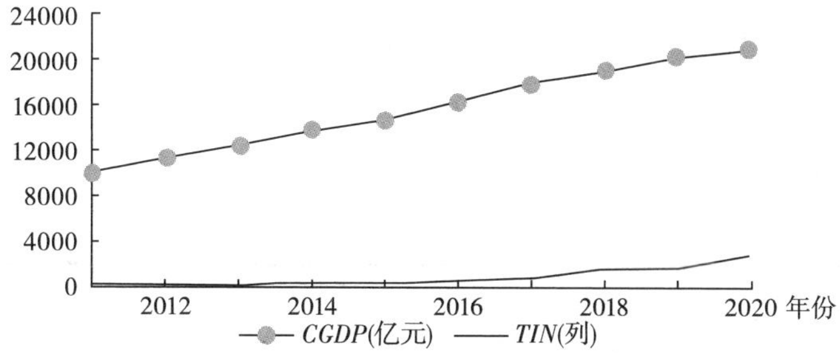


图 6 –3　重庆班列开行数量和地区生产总值变化趋势

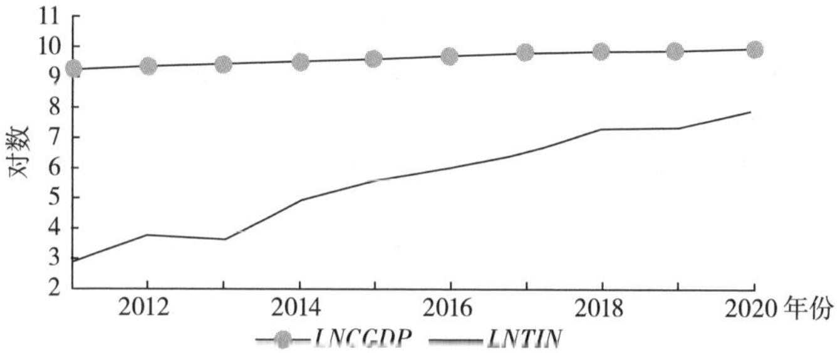


图 6 –4　***LNCGDP*** 和 ***LNTIN*** 变化趋势

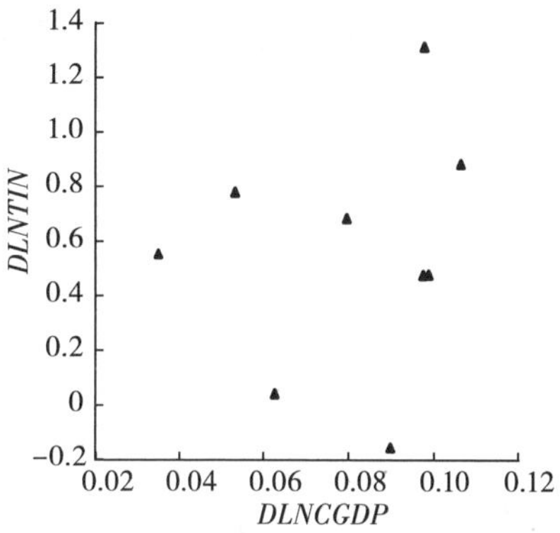


图 6 –5　***LNCGDP*** 和 ***LNTIN*** 一阶差分序列散点

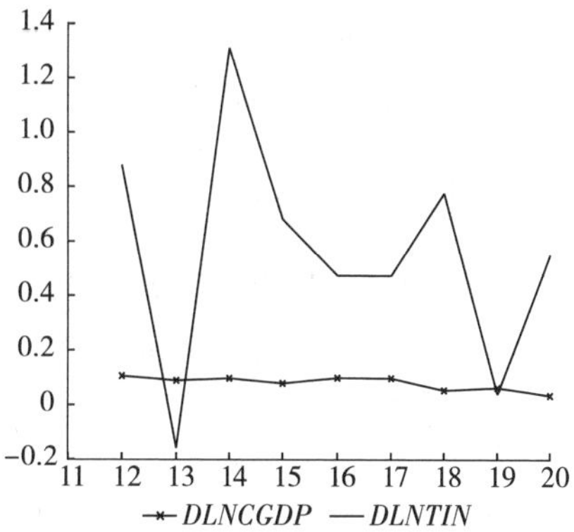


图 6 –6　***LNCGDP*** 和 ***LNTIN*** 一阶差分序列趋势

### 6.4.2 平稳性分析

从图 6－1 可以看出，重庆市地区生产总值和班列开行数量的时间序列数据是非平稳的，不满足传统回归分析中对数据平稳性的假定。因此分别对两列数据取对数和对数后一阶差分，进行平稳性检验。对样本数据及其差分项的检验结果见表 6－5。

表 6－5 单位根检验结果

| 变量 | *ADF* 检验值 | 检验类型（*C T K*） | 临界值 5% 显著水平 | 临界值 10% 显著水平 | Prob | 结论 |
| --- | --- | --- | --- | --- | --- | --- |
| *LNCGDP* | －3.53 | （0 0 1） | －3.26 | －2.77 | 0.0340 *** | 平稳 |
| *DLNCGDP* | 0.214 | （*C T K*） | －3.40 | －2.84 | 0.9490 | 非平稳 |
| *LNTIN* | －4.670 | （*C T K*） | －3.32 | －2.80 | 0.0091 *** | 平稳 |
| *DLNTIN* | 0.718 | （0 0 1） | －3.32 | －2.80 | 0.7860 | 非平稳 |

注：检验类型中的 *C* 和 *T* 表示带有常数项和趋势项，*K* 表示所采用的滞后阶数，滞后期 *k* 的选择标准是以 *AIC* 和 *SC* 值最小为准则；当 *ADF* 值大于临界值时说明序列不平稳，＊＊＊表示在 5% 显著性水平下平稳，无标志说明在 10% 显著性水平下不平稳。



从表 6－5 中的数据可以看出，原有的时间序列数据取对数后，在 5% 的显著性水平下仍是平稳的，而一阶差分后的序列在 5% 的显著性水平下都是不平稳的。故原有的时间序列都是一阶单整的，两者之间可能存在一定的协整关系。

### 6.4.3 回归分析

经过回归分析可得两者之间的关系如下：

$$LNCGDP = 8.84 + 0.14 \times LNTIN$$
$$(214.59)\ (19.90)$$

从统计意义方面看，$R^2 = 0.9802$，$\bar{R}^2 = 0.9777$，说明模型对样本的拟合度较好。$F = 395.97$，远大于临界值，说明回归方程显著，班列的开行确实对重庆地区生产总值有显著影响。$t$ 值均大于临界值，$P < 0.0000$，表明在 5% 的显著水平下，回归系数通过检验。综合表明

回归模型具有统计意义。

从经济意义方面看，在假定其他条件不变的情况下，班列开行数量每增加 1%，地区生产总值平均会增长 0.14%。

### 6.4.4 协整检验

对回归后的残差进行单位根检验，估计结果显示，在 5% 的显著性水平下，$t$ 检验统计量为 -2.55，小于临界值 -2.02，表明残差序列不存在单位根，是平稳序列，说明 *LNCGDP* 与 *LNTIN* 之间存在协整关系。

根据 *LNCGDP* 与 *LNTIN* 的一阶单整性，两者之间可能存在一个长期稳定的均衡关系，对其进行协整检验，结果见表 6-6。

**表 6-6 协整检验结果**

| 检验变量 | 特征值 | 迹检验统计量 | 临界值 5%<br>显著水平 | 协整方程个数 |
|---|---|---|---|---|
| *LNCGDP* | 0.882 | 20.29 | 15.49 | 没有** |
| *LNTIN* | 0.330 | 3.17 | 3.84 | 至多一个 |

注：当迹检验统计量大于临界值时，拒绝有关协整方程个数的零假设。** 表示在 1% 的显著性水平上显著，不加标志表示统计上不显著。



表 6-6 表明，2011—2020 年，重庆市地区生产总值和班列开行数量之间存在协整关系。

### 6.4.5 格兰杰因果检验

协整检验表明，在长期内，重庆市地区生产总值和班列开行数量之间存在稳定的正相关关系，但两者之间是否存在因果关系，以及因果关系的方向并不明确，需要进行因果检验。在进行格兰杰因果检验时，因果关系的方向对滞后期的选择非常敏感，需要选择多个不同的滞后期进行检验。然而鉴于样本数据的数量少，此处分别选滞后期为 1 和 2，得到的结果见表 6-7。

表6-7 样本数据的因果检验

| 检验变量 | 零假设 | 滞后期数 | F值 | P值 | 结论 |
| --- | --- | --- | --- | --- | --- |
| *LNCGDP* *LNTIN* | *LNCGDP*不是*LNTIN*的格兰杰原因 | 1 | 11.679 | 0.6979 | 班列的开行是重庆经济增长的格兰杰原因 |
| | *LNTIN*不是*LNCGDP*的格兰杰原因 | | 0.1659 | 0.0142 | |
| | *LNCGDP*不是*LNTIN*的格兰杰原因 | 2 | 3.6657 | 0.1564 | |
| | *LNTIN*不是*LNCGDP*的格兰杰原因 | | 0.2157 | 0.8175 | |

## 6.4.6 误差修正模型

将协整方程的回归残差项作为一个解释变量，与其他反映短期波动的解释变量一起，对相应的被解释变量进行回归，得到误差修正模型。

$$LNCGDP = C + \gamma_0 et(-1) + \beta_1 LNTIN(-1) + \mu_i$$

其中，*et*（-1）为误差修正项的滞后一期，其系数为调整系数，反映长期均衡与短期波动之间的关系，结果见表6-8。



表6-8 误差修正模型统计量

| 被解释变量 | 解释变量 | 系数 | 标准误差 | T统计值 | P值 | $R^2$ | SC值 | AIC值 |
| --- | --- | --- | --- | --- | --- | --- | --- | --- |
| *DLNCGDP* | *C* | 0.051343 | 0.021548 | 2.382749 | 0.0974 | 0.30198 | -4.1515 | -4.047 |
| | *DLNTIN*（-1） | 0.030909 | 0.029262 | 1.056303 | 0.3684 | — | — | — |
| | *et*（-1） | 0.314558 | 0.597065 | 0.526840 | 0.6348 | — | — | — |

## 6.4.7 结论

（1）在长期内，重庆市地区生产总值与开行班列存在稳定的相关关系，2011—2020年，两者的对数存在高度线性相关关系。

（2）格兰杰因果检验表明，班列的开行是重庆市经济增长的格兰杰原因，而重庆市经济增长不是班列开行变化的格兰杰原因，说明班列开行数量对重庆市地区生产总值有明显的带动作用，但是反过来，重庆市地区生产总值对班列开行数量的带动作用却不明显。重庆市经济增长对班列开行数量带动作用不够明显的原因可能在于：重庆市的经济容量有待进一步开发，而渝新欧班列开行仅10多年时间，基础仍然比较薄弱，自然限制了对班列发展带动作用的发挥。随着重庆市经济发展水平的进一步提升以及临港工业的逐步完善，重庆市经济增长对渝新欧班列的带动作用会逐步明显。

（3）*et* 的系数为负，符合长期均衡的反向修正机制的要求，而且反向修正机制的调整力度是比较大的，在以 *DLNCGDP* 为被解释变量的误差修正模型中，大约 31.46% 的偏差会在下期得到调整。

## 6.5 提升渝新欧班列带动效应的建议

依据实证分析，得出渝新欧班列的货物吞吐量对重庆市经济的增长有一定的带动作用，但是重庆市经济发展对渝新欧班列发展的推动作用却不明显。从本章的数据图表中可以看出，第三产业正在成为重庆市的支柱产业，对重庆市经济的贡献度很高，但是其拉动作用却并不高，相反可以说是很低，并不能带动其周边产业的发展。所以在重庆市经济发展提高的过程中，应发挥自身优势，将第三产业作为主导产业，不断提升第三产业的发展能力。同时，在推动第三产业发展的同时，提升第三产业的拉动能力，使第三产业带动与之相关联的产业共同发展，形成第三产业主导、其他相关产业跟随的发展模式，提高产业集成度，推进产业聚集和企业集群，形成独特的产业发展环境与优势。

在此基础上，应有针对性地采取相应的对策，持续推进渝新欧班列的高速发展，具体措施如下：

### 6.5.1 提高交通运输的数智化水平

在交通运输上，应充分利用重庆本身地理区位、交通、资源的基础优势，在第三产业资源优势的基础上发展智慧物流系统，利用大数据、云计算、物联网、区块链等技术，实现数据信息的实时快速处理，在最短时间内得到最优化的决策，并在系统中进行信息共享，高速运营，进行信息整合处理、人力物力资源的合理分配与规划，提升工作人员的工作转化率，将智能管理作为带动行业升级的核心竞争力，提高行业集成度，减少因人力、物力资源的不合理利用而造成的损耗，降低企业与地区的生产成本，推动行业的更高速发展。

### 6.5.2 改进地区融资体制

在重庆经济发展过程中，还应积极进行投融资的体制改革，建立完善的融资体制，实施积极的鼓励投资的财税政策，通过渝新欧班列吸引外资企业的投资和进驻，鼓励和支持民间资本的发展，吸引和倡导包括外资和民间资本在内的社会资本建设渝新欧班列的基础设施以及参与渝新欧班列的运营等，使地区投资与班列建设的主体进一步向多元化方向发展，使重庆的市场机制作用得到充分发挥。

### 6.5.3 加大外资吸引力度

吸引外资进驻的同时还要进行体制机制的创新，改善外资进驻的投资环境，有效进行资源上的整合，为发展班列经济提供有力的保障。首先，加强涉外法律法规的制定工作。班列经济是一种开放型的经济，为了使班列经济可持续、健康发展，在了解和掌握国际准则和相关规则的基础上，应根据经济一体化的要求和我国经济发展的实际情况，完善既符合国际准则又适合国家、地区的班列经济发展的涉外法规体系。其次，要改善重庆的投资软环境建设，例如，精简审批制度、优惠的税收条件、土地使用的优惠待遇、各项费用的优惠政策等，完成硬实力和软实力的同步建设。

7

# 中欧班列发展中存在的问题

中欧班列开行需要经过货物集结、运输组织、口岸换装交接、进出境检查、通关报关、信息交换等诸多流程，是一项复杂的系统工程。同时，班列沿线国家报关标准不一致、铁路轨道规格不同、文化差异较大。中欧班列开行 10 多年来，虽然发展取得了明显的成效，但也面临诸多问题，如货源竞争激烈、地方政府补贴问题、市场机制难以发挥、运输成本居高不下等。



## 7.1 运输效率仍有待提升

中欧班列开行 10 多年来，运输效率取得明显提升，但因途经国家多，换装和国检频繁，运输效率仍有很大的提升空间；运量增加、口岸运力不足造成严重拥堵，明显制约运输效率的提升。

### 7.1.1 换装频繁

1. 亚欧大陆铁路轨道宽度不统一

中欧班列沿线国家铁路轨距不尽相同，导致换装频繁。沿线国家铁轨宽度不一，有 30 多种不同的轨距，窄的有 610 毫米、762 毫米、891 毫米；中等的有 1000 毫米、1067 毫米、1372 毫米、1435 毫米，宽的甚至达到 1524 毫米、1880 毫米、2141 毫米，各国（地区）轨道宽度情况见表 7 - 1。尽管大多数国家都采用 1435 毫米国际标准轨距，但少数国家采用的非标准轨却给运输造成了极大的不便。

在东北亚地区，中国、俄罗斯、蒙古国、朝鲜、韩国陆路相连接。但是由于中、朝、韩为标准轨距，而俄、蒙却是宽轨，尽管有铁路线，但也很难直接连通。即便同为欧洲的国家，轨道宽度也不尽相同。1937 年国际铁路协会做出规定：以 1435 毫米的轨距作为国际通用的标准轨距。欧洲各国的铁路轨距至今仍未能统一制式轨距，如西班牙的轨距仍是 1674 毫米，葡萄牙的轨距是 1665 毫米，爱尔兰及北爱尔兰地区的轨距是 1600 毫米，部分东欧国家和芬兰因与俄罗斯接境和历史原因，使用 1520 毫米轨距，挪威的轨距为 1067 毫米，法国境内还存在 87 千米的 1440 毫米轨距铁路。

表 7－1　国家（地区）轨道宽度

| 类型 | 轨距/毫米 | 国家（地区） |
| --- | --- | --- |
| 标准轨 | 1435 | 欧洲大部分国家、土耳其、伊朗、中国和朝鲜半岛 |
| 宽轨 | 1440 | 法国部分路段 |
| | 1520 | 芬兰、蒙古国、俄罗斯等 |
| | 1600 | 爱尔兰及北爱尔兰 |
| | 1665 | 葡萄牙 |
| | 1674 | 西班牙 |
| | 1676 | 印度、巴基斯坦、孟加拉国和斯里兰卡 |
| 窄轨 | 1000 | 东南亚 |
| | 1067 | 挪威 |
| | 1200 | 越南 |

资料来源：网站整理汇总。

2. 调度和信号系统的制式不统一

除了轨道外，中欧班列沿途各国铁路部门的调度和信号系统的制式也未统一，致使铁路机车在牵引列车过境运输时，要装配相应国家的信号调度设施，某些铁路机车上竟装有 6 种信号调度设备。这些差异性在导致欧洲铁路网庞杂的同时，也成为畅通欧洲铁路大通道的严重阻碍。

3. 中欧班列换轨频繁

中欧班列途经国家多，因轨道宽度不同，均需换轨。开往蒙古国、俄罗斯、中亚国家的班列须换轨 1 次，开往欧洲大部分国家的班列须换轨 2 次，开往西班牙的须换轨 3 次。

按照惯例，开往欧洲的中欧班列在对方的口岸站换装；从欧洲回程的中欧班列在中国境内口岸站换装。以去程为例，中欧班列需要在哈萨克斯坦的多斯特克站，借助龙门吊，从中方的“标准轨”平板车上换到哈萨克斯坦的“宽轨”平板车上，实现第一次换轨。

换轨加清关耗时通常约 3 小时。班列途经哈萨克斯坦、俄罗斯、白俄罗斯，进入波兰、德国后，需要在波兰马拉舍维奇从“宽轨”平板车上换到“标准轨”平板车上，实现第二次换轨。开往西班牙马德里的义新欧班列，除了要在中哈边界、白俄罗斯和欧洲边界换轨外，还要在西班牙的边境城市伊伦进行第三次换轨。从二连浩特、满洲里口岸出境的中欧班列，均需要在边界换轨。

### 7.1.2 沿途国检多

中欧班列途经国家多，关检繁杂。通往欧洲的班列至少要经过 4 个国家，有的甚至要经过 8 个国家，涉及多个国家和地区的海关、铁路，以及国际海关组织、国际铁路组织的许多法律、法规。由于体制不统一、规则不同，还有沿线海关检验要求不同，故通关时间长，且程序极其复杂，如此，等等。

现行通关制度对内陆地区有两大不利：

一是现行通关模式环节众多，既有海关、检验检疫、边防检查等，还有港口、运输、货代等运营单位。规章制度、操作程序各不相同，分别执法和作业，大大增加了企业通关成本。

二是现行执法平台封闭运作，口岸通关管理机构和专项监管机构事权独立，通关管理信息自成体系，企业需向不同的机构多次申报。而内陆的出口货物一般要到沿海港口换装、集拼，电子申报数据核对费工、费时，内陆企业获得出口许可的时间严重拖延，与沿海、沿边企业难以公平竞争。

虽然部分线路已经实施安智贸管理，全程实现电子化监管，但这只是我国开出的中欧班列线路中的很少一部分，绝大多数班列仍要接受来自不同国家烦琐的通关程序，制约运输效率的提升。

### 7.1.3 运输延误问题严重

1. 运力不足

中欧班列开行数量激增，但通行线路换装节点单一，边境站容量和沿线铁路资源已基本趋于饱和，引起严重的口岸拥堵。边境站的延误成为制约班列运营的主要障碍，考虑期望损失理论和货物时间价值，路线运输效率下滑，客户满意度下降，严重影响了中欧班列品牌的影响力和美誉度。

班列沿线铁路和口岸设施满足不了中欧班列开行数量急剧增长的需要。中欧班列开行数量不断增加，而境外口岸服务能力在短时间内无法提升，边境站延误成为制约班列运营的主要障碍。尤其在新冠疫情的冲击下，班列开行数量不断增加，境外口岸接车能力及应急处置能力不足，严重影响班列的时效性。



新冠疫情暴发以来，中欧班列运输需求持续旺盛，中俄、中蒙、中哈等我国东、中、西 3 条班列运输线路均出现拥堵，在所对应的班列出境口岸阿拉山口、霍尔果斯、二连浩特、满洲里以及绥芬河等出现了等待装货现象。又因受口岸站疫情防控措施加强、境外恶劣天气及东西向货物运输的不平衡等因素影响，口岸交接能力下降，部分通道发生班列途中移动缓慢，加剧了拥堵程度，使拥堵出现了常态化的势头。2020 年国铁集团多次发布出境口岸停装或除中欧班列以外出境货物停装命令以应对境外口岸拥堵问题。2021 年 12 月 8—13 日，满洲里、二连浩特、阿拉山口出口的各类货物一律停装。班列全线平均运行时间从刚开通时的 15 天增加到 18 ~ 20 天。

不同线路具体运力情况如下：

（1）西线运力情况。西线拥堵的主要原因来自 3 个方面：

其一，边境出境口岸压力较大，在阿拉山口、二连浩特等口岸，由于基础设施简陋及对方换装能力不足等原因，往往造成一些班列滞留口岸，需要排队等待出境。

其二，大多数中欧班列必经波兰马拉舍维奇，由于边境口岸设施设备以及人力资源配置不能满足班列高速增长，致使马拉舍维奇转运中心“瓶颈”现象突出，造成境外堵车；又因波兰马拉舍维奇边境基础设施工程建设延误两周，东行和西行列车的运输和等待时间都有所延长，严重影响准点率。

其三，中欧班列的主要目的地杜伊斯堡、汉堡等作为欧洲主要的贸易中心和物流枢纽，其货运场站已接近容量上限。

特别是在旺季，中欧班列滞留口岸时间更长，导致中欧班列运输时效性降低，运力成本增加，影响客户的运输体验，降低客户黏性。

成都的新丝绸之路多式联运公司（NSR）表示，哈萨克斯坦和霍尔果斯边境口岸的延误已经从 2021 年 5 月一直持续到 8 月。例如，2021 年 9 月，中欧铁路需求旺盛，因哈萨克斯坦边境口岸的延误和欧洲口岸的拥堵，货运运力减少 30%。哈萨克斯坦的阿腾科里和多斯特克边境出现严重的货车短缺现象并且等待时间延长。由于海运市场疲软和即将到来的中国黄金周假期，运力下降、需求激增，铁路舱位超级紧张，自 2021 年 9 月 1 日起，每 40 英尺集装箱的综合费率上调 600 ~ 1500 美元。

（2）东线运力情况。满洲里、绥芬河口岸站对岸的俄后贝加尔站、格罗迭科沃站，由于集装箱换装能力、海关检验时间的问题，造成接车、交车困难，导致中欧班列在中方、俄方境内集存，严重影响运输效率。

满洲里站对岸后贝加尔站一昼夜集装箱换装能力仅为 4 列，实际要达到 6 列才能满足运输需求，在中方一再协调沟通下勉强达到 5 列，距离满足运输要求还有一定差距；绥芬河对岸格罗迭科沃站一昼夜集装箱换装能力只有 30 TEU，尚达不到 1 列。虽然俄方也在努力改进，但受制于设备设施先天不足，短时间内很难改变目前状况。

往返运输失衡加剧运力的不足。去多回少的贸易结构，给中欧班列出境后宽轨段的车板在洲际周转带来了压力，到达欧洲的宽轨段车板因为缺少回程货物而没有办法快速回到中方边境口岸接车，进而形成了出口货物在边境口岸的积压与拥堵。

2. 运输路径信息滞后

中欧班列境外段主要依赖国际货运代理，运输路径信息透明度低，难以有效控制运输风险和成本，边境站延误将在一段时间内成为托运人和班列运营者必须考虑的问题。虽然中欧铁路合作力度不断提升，在各方积极努力下大部分中欧班列延误可控制在1周以内，但相关部门仍应加强对沿线边境节点延误信息的掌握，建立中欧班列口岸突发事件及拥堵预警机制。运输企业则要重视边境延误风险，提高风险应急处理能力，在新冠疫情影响下抓住机遇，提高中欧班列市场竞争力。



物流公共信息平台有待健全。《中欧班列建设发展规划（2016—2020年）》明确指出："推进物流公共信息平台发展，整合国内相关行业、部门、企业信息资源，建设中欧班列信息服务平台，逐步实现与沿线国家铁路、海关、检验检疫等信息系统的电子数据交换与共享，打通物流信息链，推行海关、检验检疫、铁路、港口单据电子化，打造数字化中欧班列。"

由于涉及部门、环节和数据穿透等问题，目前还没有打造出一个完善的、国际化的中欧班列物流公共信息平台，无论是国内相关行业、部门、企业信息资源整合，还是与沿线国家铁路、海关、检验检疫等信息系统的电子数据交换与共享都还没有实现，更没有达到"数字化"。中欧班列还不具备全程追踪的服务条件，国内段运行处于可控状态，国外段受制于不同运输组织模式，班列运行信息采集十分困难，不能实现实时追踪定位。

中欧班列的开行和运行尚缺乏统一的信息传递交换机制，部分沿途国家海关、检验检疫等部门间的信息交互还需要纸质单据的交接，尚未达到无纸化信息交互要求。特别是中欧班列的单证和关务的文件处理以及手工操作，影响了中欧班列的服务效率。虽然2018年4月中国铁路总公司启动了货运票据的电子化工程，已经实现了中俄间国际联运运单信息的交换，但中国至俄罗斯关境的单证和文件还是采取人工核对方式，耗时费力，效率不高，中欧班列单证和运输系统的信息化建设任重而道远。

3. 运输延误情况

2000年，联合国欧洲经济委员会（UNECE）建议国际列车的过境时间为60分钟，联运列车为30分钟，而实际由于各国过境政策、通关手续、铁路技术标准和能力等不一致，过境时间差别较大，亚洲开发银行（ADB）发布的走廊性能测量和监测（CPMM）数据显示，特定铁路过境点时间可能高达6（土乌间的阿拉特法拉普）~65小时（中乌间的多斯特克）。

加之口岸拥堵，边境换装站平均延误时间约为2天，线路边境延误时间均值为5~7天。波兰马拉舍维奇甚至出现了10余列站存班列等待换装的情况，由于杜伊斯堡DIT等场站拥堵严重，班列在马拉舍维奇等待发车时间长达5~13天，白俄罗斯境内沿线保留的去程班列最多时超过60列。甚至有些班列因拥堵，导致运输时间与海上运输相同，完全丧失了效率优势。

高价值高贬值率货物对运输路径的安全需求及运输服务水平要求更高。由于中欧线路运输距离长，时间和费用成本仍是决定线路选择的重要因素。阿拉山口到马拉仍是目前中欧班列中的最优路径，但其线路边境延误时间均值接近运输时间的50%。因而，加强对马拉口岸能力信息的掌握和延误时间的预判，在短期内有助于提高班列服务水平。

## 7.2 运费和补贴问题

相较于空运，铁路运费具有明显竞争力，但同水路运输相比，运费劣势明显。中欧班列运费补贴一方面因为铁路运费相比水路运输要高很多，不具备竞争优势；另一方面因为缺乏回程货源，空车运费加重了中欧班列的高运费困境。

### 7.2.1 缺乏回程货源

1. 往返货源失衡

受沿线各国铁路设施技术、管理等方面的差异以及复杂的地缘政治环境影响，中国—欧洲、中国—中亚、中国—俄罗斯通过铁路的国际货物运输能力十分有限。与海运相比，尽管中欧班列运输具有线路缩短，运输时间相比水路运输减少一半以上的优势，然而，由于运输成本高于海洋运输的现实，并不足以吸引足够的货源。

从开行的往返班列数量上看，渝新欧班列开通 2 年后的 2013 年 3 月才迎来首趟回程班列；蓉欧快铁开行 17 个月后才有首趟返程班列；郑欧班列也是在开行 7 个月后才迎来首列回程班列。班列去程和回程的货源严重不平衡。2016 年前 10 个月，进出阿拉山口的中欧（中亚）班列达到 1482 列，中欧班列返程只有 285 列；霍尔果斯铁路口岸出境中亚班列 45 列，仅返回 3 列，即便到了 2020 年，回程的班列也仅是去程的一半。去回严重不对等，导致集装箱无法返回。



从中欧贸易方面来看，铁路运量在中欧货运量中所占份额不足 10%，而且大部分货物都是中国出口到欧洲的，欧洲对中国仅有少量的精密仪器、机械、高档服装等货物出口，进出口货物在数量上差异巨大。

2. 失衡原因

造成班列往返失衡的原因主要体现在以下 3 个方面：

（1）对中欧班列缺乏了解。欧洲的货主习惯于传统的海运方式，对中欧班列未能正确认知和养成使用习惯，铁路仍属备选方案。一方面，对于绝大多数低附加值产品而言，廉价的海运仍是首选。欧洲国家对海运实施补贴，部分国家为刺激消费、拉动经济实行零运费政策，对输欧商品的海运运费给予报销。公路短驳费用高，只有在非常紧急的情况下，货主才会选择铁路或航空。另一方面，海运和空运模式已经成熟，货主不愿冒险尝试新的运输方式，一般采取反季采购方式，保证货源供给。

（2）认知误解。欧亚一些国家对中国“一带一路”倡议没有形成全面的认知，甚至还有误解。欧洲企业使用铁路运输，享受不到本国政府的补贴等政策支持，对驶向远东的铁路运输方案也缺少认知。很多厂商的产品对运输环境的温度要求较高，担心中欧班列冬季经过俄罗斯线路时，会冻坏产品。

（3）中欧班列国外货代网点不健全。中欧班列中国货运代理企业在海外网点不健全，揽货能力有限。国际货运组织化程度不高，技术条件完备的运输商和贸易企业对接不力。最初开设的中欧班列线路都有国外物流企业参与运营，国外部分由外国公司搞定，中方只负责国内货源，因此导致很难掌控国外货源。另外，回程集装工具太专业，导致一些散装的货物无法运输，回程适销货物不多等，如渝新欧班列运出的大部分是电子器材，但从欧洲返回的集装箱不能有效地被外国企业利用，造成集装箱“西去不复返”。



由于中欧班列返程搭载欧亚货物的需求远没有被激发出来，班列成本无法得到弥补，因此需要政府进行补贴。

### 7.2.2 运费机制未形成

从目前情况来看，国际段铁路运输市场化运价调整机制尚未形成，这也是中欧班列运价较高的一个重要原因。业内人士指出，一些沿线国家出于对本国就业、税收资源保护的目的，从而提高过境中欧班列运费价格。尽管中国铁路总公司通过与宽轨国家铁路企业协商谈判，实施宽轨段和中国境内运价优惠，但由于欧洲段运价高出中国铁路和宽轨段很多，中欧班列全程运价仍然高于市场预期（见表 7－2）。

表 7-2　2018 年中欧班列各区段铁路运价水平

单位：美元/40 英尺箱千米

| 境外段去程运价 | | | | | 国内段运价 | | |
|---|---|---|---|---|---|---|---|
| 出境口岸站 | 境外到站 | 终到国 | 宽轨段 | 欧盟段 | 国内段合计 | 欧洲去 | 欧洲回 |
| 阿拉山口 | 杜伊斯堡 | 德国 | 0.69 | 0.70 | 0.70 | | |
| 阿拉山口 | 汉堡 | | 0.69 | 0.86 | 0.72 | | |
| 二连浩特 | 汉堡 | | 0.44 | 0.86 | 0.49 | | |
| 阿拉山口 | 罗兹 | 波兰 | 0.69 | 2.73 | 0.80 | 0.69 | 0.55 |
| 阿拉山口 | 华沙 | | 0.69 | 3.42 | 0.79 | | |
| 满洲里 | 华沙 | | 0.41 | 3.42 | 0.49 | | |
| 阿拉山口 | 帕尔杜比采 | 捷克 | 0.69 | 1.71 | 0.83 | | |
| 阿拉山口 | 马德里 | 西班牙 | 0.69 | 2.32 | 1.27 | | |

资料来源：网站资料整理汇总。

1. 中欧班列与西伯利亚大陆桥存在货源竞争



韩国、俄罗斯等共同推动的依托西伯利亚大铁路的“钢铁丝绸之路”（Iron Silk Road）加剧了中欧间铁路运输的竞争。2012 年，西伯利亚大铁路国际集装箱量为 63.8 万国际标准箱，其中 54% 的箱量来自中国，占中国经新老亚欧大陆桥外运集装箱总量的 70% 以上。当下，俄罗斯铁路公司正在将西伯利亚铁路打造为集装箱班列国际运输通道，实施国际集装箱运量倍增计划，这对中欧班列形成明显竞争。该竞争不仅体现在海铁联运货源方面，更体现在俄罗斯实施的价格歧视方面。

2. 俄段价格歧视

为了促进第一亚欧大陆桥的发展，俄罗斯铁路公司对不同口岸进入的班列实行了不同价格，如从阿拉山口口岸经哈萨克斯坦进入俄罗斯境内的运输价格为 0.7 美元/（箱·千米），而从满洲里口岸进入的价格则降至 0.4 美元/（箱·千米）。由此可见中欧国际班列面临着来自俄罗斯远东铁路的竞争，揽货的难度显然也在增大。且中亚各国铁路多次提高中欧班列途经本国路段的运费，进一步增加了中欧班列的运营成本。

俄罗斯物流货运企业服务成本要比欧洲国家相同企业高 10% ~ 15% 。以货物价值 5 万美元的一个标准箱为例，从上海到莫斯科，经圣彼得堡入关，运费、关税、存管费等共计需缴纳 2 万美元；经白俄罗斯入关各项费用总计只需缴纳 1.7 万美元；而经哈萨克斯坦入关的各项费用为 1.8 万美元。俄罗斯铁路还借助其对中亚铁路控股的优势，间接地对从中国阿拉山口和霍尔果斯口岸出口的货物进行限制。这样算来，中欧班列的单位价格是海运价格的 2 倍。其优势表现在时间和效率上，海运需要 35 ~ 40 天，而中欧班列仅需 15 天左右，效率是海运的 2.4 倍左右。

3. 欧盟段铁路运价相对较高

一些沿线国家出于对本国就业、税收资源保护的目的，提高中欧班列过境运费价格。尽管中国铁路总公司通过与宽轨国家铁路企业协商谈判，实施宽轨段和中国境内运价优惠，但由于欧洲段运价高出中国铁路和宽轨段很多，中欧班列全程运价显然高于市场预期。《航运交易公报》曾报道，经由阿拉山口出境这条线路，每箱每千米是 0.66 ~ 0.74 美元，而走东线满洲里，价格约为 0.39 美元/（箱 · 千米)。欧盟实行统一的货运运价率，是独联体各国铁路的 4 倍多，是中国铁路的 2 倍多。在各类亚欧铁路货物列车中，以波兰、德国、捷克等欧盟国家的运费最高，每箱每千米价格达 0.97 美元。另外，租用所在国车皮的费用占比较大。在口岸经常停限装、压货，也占用了大量时间，导致班列境外速度不高，运行时间过长。

### 7.2.3 地方政府补贴问题严重

1. 班列补贴情况

地方政府为了维护班列开行与市场培育，推进班列的发展，竞相提高对中欧货运班列的补贴力度，以此降低运费率，达到吸引争取货源的目的。各地补贴的金额高低不等，主要是与海洋运费相比，力求持平或更低。有的地方政府每节车厢（1 个 40 英尺的集装箱）补贴 2000～3000 美元，有的地方政府给予省内货源 7500 美元/节的补贴、省外货源 4000 美元/节的补贴等。

（1）郑欧班列的补贴情况。以郑州到德国汉堡为例，一个 40 米集装箱运价大约为 6000 美元，折合人民币约 4 万元，大约国内运价为 1 万元，境外运价为 3 万元，包括运费、关税、代理费等，其中铁路（含国际联运）运费为 3.6 万元，报关、报检和转关等关检费为 2000 元，平台操作费为 2000 元。郑州以高成长性服务行业发展基金的方式对班列公司进行财政补贴。对通过郑欧班列出运的货物，河南省承担 40%，其中省政府和郑州市政府各自承担 50%。

（2）蓉欧快铁的补贴情况。成都以专项资金形式进行运费补贴。蓉欧快铁从成都出发到达波兰罗兹，一个 40 英尺集装箱的运输成本在 7000 美元左右，但收取的运费却只有 3000 美元左右，这意味着，如果按满载 41 个 40 英尺集装箱运行，一趟需要财政补贴近 16 万美元。



（3）其他班列的补贴情况。“长安号”班列这几年的补贴平均在 3000 美元/车。每班列补贴 12.3 万美元左右，财政补贴力度非常大，平均每辆车 60 万元。甘肃省曾给货运企业每个标准箱 6000 元补贴。合新欧班列对相关对外贸易企业给予每个标准箱 2000 元支持，对货代企业给予每个标准箱 6000 元支持。一些班列补贴情况见表 7－3。

**表 7－3　中欧班列地方政府补贴情况**

| 序号 | 省、市 | 班列名称 | 班列补贴 |
| --- | --- | --- | --- |
| 1 | 哈尔滨 | 哈满欧 | 约 3000 美元/柜，12.3 万美元/列 |
| 2 | 长春 | 长满欧 | 1000 万元/年 |
| 3 | 西安 | “长安号” | 约 3000 美元/柜，12.3 万美元/列 |
| 4 | 成都 | 蓉欧 | 12 亿元/年 |
| 5 | 重庆 | 渝新欧 | 以划拨土地、退还所得税和优化物流环境的方式补贴 |
| 6 | 郑州 | 郑欧 | 以“土地＋资金”的方式补贴 |
| 7 | 武汉 | 汉欧 | 富士康班列给予退税补贴，其他 2500～3000 美元/柜 |

续表

| 序号 | 省、市 | 班列名称 | 班列补贴 |
|---|---|---|---|
| 8 | 长沙 | 湘满欧 | 3500~4000 美元/柜 |
| 9 | 广东 | 东莞、广州班列 | 省、市分别补贴 0.125 美元/千米 |
| 10 | 大乌 | 辽满欧 | 大连市口岸委与大连港双补贴 |
| 11 | 义乌 | 义新欧 | 地方政府补贴平台公司 |
| 12 | 合肥 | 合肥班列 | 约 3000 美元/柜 |
| 13 | 苏州 | 苏满欧 | 以所得税退税形式补贴 |
| 14 | 连云港 | 连云港班列 | 约 2500 美元/柜 |

资料来源：网站资料整理汇总。

中欧班列的对外报价都低于成本价。各地方政府的补贴标准从每个集装箱 2000 美元升到 4000 美元，有的甚至更多。有些是明补，有些属于间接补。回程货物尽管是欧洲货，但是为了维持中欧班列的正常运转，地方政府同样补贴运费，反而让国外企业获利。

2. 运费补贴的后果

政府补贴激发了各地多开班列的积极性，促进了中欧班列良好态势的形成，同时，也带来了一些消极影响。

（1）扭曲了市场价格。一些地方靠政府补贴盲目跟风开行，从而迫使已具备市场化运作能力的班列平台公司无法按市场化运行，造成不必要的资源浪费和无序竞争，不仅会让平台公司和业内企业产生依赖感，更扭曲了市场价格，扰乱了市场的自我调节能力，导致市场环境恶化，损害了市场竞争的公平性、公正性，阻碍了中欧班列的健康发展。同时，补贴政策扭曲了市场配置资源的“杠杆作用”：一方面，受补贴政策影响，出现“抢货”的恶性竞争；另一方面，货主受利益驱使会舍近求远，将货物运至较远地区搭载中欧货运班列，严重违背了市场规律，导致运输成本增加。

（2）加重了地方财政负担。补贴加重了政府财政负担，再加上操作层面没有可行的退坡机制，注定该行为将不可持续。中欧班列每开行一次所需成本在 150 万~180 万元，在财政补贴占其 1/3 的水平下，每开一列，政府要补贴60万元左右。按2018年全年开行4000多列计算，补贴总额在24亿元人民币以上。2020年“长安号”班列开行3780列，按每列补贴12.3万美元计算，全年需要补贴4.6494亿美元。如此庞大的支出，严重加剧了地方政府的财务负担。

（3）补贴退出难。推进“一带一路”建设工作领导小组办公室印发的《中欧班列建设发展规划（2016—2020年）》，将中欧班列开行累计超过5000列作为中欧班列地方政府补贴退出的关键节点。财政部从2018年开始就要求地方政府降低中欧班列补贴标准：以全程运费为基准，2018年补贴不超过运费的50%，2019年补贴不超过40%，2020年不超过30%，到2022年则要全面取消补贴政策。

国家虽然明确给出了补贴退出时间表，但到目前为止，补贴现象仍然大量存在，仅有少部分班列降低或取消了补贴。如2021年5月，京雄保国际智慧港发车的中欧班列实现了“零补贴”，但完全靠市场化运营的营满欧班列，已经基本停运。部分地方政府为留住货源，表面上降低补贴，实际上通过产业发展基金、外贸奖励、季节奖等方式，变明补为暗补，也在一定程度上造成了中欧班列运营环境的不公平。



## 7.3 班列无序竞争

中欧班列经过几年的运行和市场培育，已具备全面市场化运作的条件。然而，一些地方政府、部分城市盲目跟风开行，导致了不必要的资源浪费和无序竞争，从而迫使一些已具备市场化运作能力的班列平台公司无法按照市场化规则运行。

### 7.3.1 货源争夺激烈

1. 货源地重复问题严重

各城市分别建设铁路站场和保税区，各建各的“对欧贸易桥头堡”，不惜承担高昂的运输成本从周边地区甚至全国范围内揽货。据中国物资储运协会统计，目前中欧班列始发地对货源的争夺已拓展至1500千米范围内。以中部省份为例，现已开行中欧班列的有合肥、西安、武汉、重庆、成都、郑州和长沙等城市，规划中还有太原和南昌两地，因为货源地几乎一致，而且这些城市相距很近，揽货时争夺客户在所难免，竞争激烈。

成都独创“蓉欧+”的竞争新模式，即通过与深圳、宁波、厦门、昆明、武汉、凭祥等地政府和相关企业合作开行，延伸到沿海进行全国揽货。各城市纷纷模仿，“长安号”班列开通了襄西欧、徐西欧、蚌西欧等15条“+西欧”集结线路，实现了与长三角、珠三角、京津冀、晋陕豫黄河三角洲等地的互联互通，与青岛、宁波、连云港等沿海港口合作，无缝对接全球航运体系，约70%的货物来自外地。郑欧班列为了揽活，到宁波、上海、厦门等地“扫楼”。其他班列也不例外，因此造成了严重的抢货现象。

在周边地区甚至全国范围内揽货，导致中欧班列国内货源规模较小且分散，从资源配置的视角来看，为了多开车，四处揽货源，直接导致人力、物力的浪费。



2. 压价吸引货源

各班列为在国内拼抢货源，通过大量补贴，帮助企业降低物流成本，形成运输洼地，打造班列运输的规模效应。但恶性竞争会使货物运输舍近求远、绕远运输，如武汉、郑州、苏州开行的中欧班列会因运价高而遭遇本地货源被抢的尴尬局面。又如江苏省内就有南京、连云港、苏州、徐州、南通5个城市开通了中欧班列，班列运行线路集中甚至重合，严重扰乱了市场正常秩序，影响中欧班列长期健康运行。

各班列为在国内拼抢货源，竞相压价，导致揽货价格水平持续下降，甚至低于海运价格，揽货价格从2016年每箱3500~4000美元下降到2018年每箱2000美元左右，2019年部分去程已下降到每箱2000美元以下，回程下降到每箱1000美元以下，甚至出现买三送一、买五送二之类的营销和揽货手段。低价竞货将影响中欧班列的服务质量和高质量发展。

### 7.3.2 线路重叠问题严重

为了掌握未来新丝绸之路的商业脉搏，赢得市场，各级地方政府高度重视中欧班列的开行，争起点、争节点、争专列，导致主要运行线路长距离重合或相近，有些班列的线路甚至完全重合，尤其是从甘肃省兰州市至东欧的线路，班次过多，空载率高，造成资金、资源和运力的严重浪费。有些班列 80% 以上的线路完全重合，彼此相互竞争，影响了班列的常态化运行。国内各地开往欧洲主要区域或同一目的地的班列线路重复，既造成往返空载率居高不下，资源浪费，提高了物流成本，也导致对外谈判铁路运价难度增加，不利于行业健康发展，影响我国的国际形象。



货物运输同质化问题严重。部分线路目的地相同，如到达明斯克的线路高达 23 条；而部分线路目的地间距很短，如莫斯科与库帕夫纳直线距离仅 36 千米，与卡夫拉也仅有约 164 千米。同时，这些线路数量分布也很不均匀，部分城市（如德国的杜伊斯堡和汉堡，俄罗斯的莫斯科，波兰的马拉舍维奇、华沙等 8 地）线路超过 4 条，较为集中，而其他 50 个城市的线路数量相对较少，大部分城市的开行线路数量仅为 1 条。

### 7.3.3 集装箱调用不合理

1. 班列用箱情况

中欧班列所使用的集装箱是班列公司自备或租用中铁集团或中远集团的，需要运回归还。无论是整个中欧班列抑或是各个班列公司均出现不同程度的开行列数不均衡的情况，中欧班列回程货源较去程不足。以上种种原因造成了中欧班列各地无序竞争、空箱调用不及时或者根本不调运从而堆存在国外等问题，变相增加了中欧班列的运营成本。

2. 货主用箱情况

货主使用的集装箱由班列公司供给，源于该阶段重箱转化和从其他地区调拨过来。但当空箱供给小于需求时，班列公司需向租箱公司租用箱子，以满足客户空箱需求，完成运输后再还给租箱公司；但当供给大于需求时，需将多余的空箱堆存在集装箱场站，并向集装箱场站支付堆存费用。由于货源客户存在较大的随机性，并且容易受国家政策的影响，各城市每个周期内的部分空箱需求客户处于变化之中，加上中欧班列一直以来都是去程多回程少，大量的空箱调拨严重制约班列的发展。

3. 集装箱使用情况

如何合理有效地组织空箱调运、空箱租赁，提高集装箱使用效率，对降低整个中欧班列运输成本起着至关重要的作用。各个班列公司往往是单独开行班列，回程货源组织不足，空载率较高，且存在无序竞争，未能充分利用中欧班列品牌资源，集装箱利用率较低，空箱调运费用较高。



4. 处理方式

对该问题目前采用的方法主要有两种：其一，部分空箱调运可考虑海陆联运，虽然能够极大地降低运输成本，但是增加了运输时间。如何兼顾成本与时间来选择运输方式，是中欧班列空箱调运的优化方向。其二，虽然多个可折叠集装箱能够折叠成一个标准集装箱，从而降低空箱调运的运输成本，但是额外增加了折叠、展开成本。同时，可折叠集装箱的租用成本也高于标准集装箱。通过灵敏度分析来探究使用可折叠集装箱以降低空箱调运总成本的潜在可能性，也成为解决中欧班列空箱调运优化的一大举措。

## 7.4 配套服务不足

国外铁路口岸站及后方通道运力不足的问题突出。中欧班列途经中亚、俄罗斯、东中欧、蒙古国等国家和地区，其中不少国家和地区基础设施建设滞后，信息化程度低，多式联运和分拨都存在很多困难，货物仓储、转运还很不顺畅，这在一定程度上增加了班列的开行成本。如哈萨克斯坦的多斯特克口岸站，长期以来接运能力和集装箱专用平车严重不足，后方通道为单线铁路，运输十分紧张，导致中国出口货物经常在该口岸长时间等待换装挂运。

1. 口岸站能力趋于饱和

近年来，虽然口岸站的接发车、换装作业、海关查验通关、信息交换等能力得到大幅提升，但是与中欧班列增长的需求相比，仍有较大差距，一旦遇到非正常情况，能力饱和的影响立刻显现。如2019年6月，霍尔果斯站受端午节放假影响，节日期间准轨交车未按商定数量交够，日均411车，较正常水平少90车，导致出国车积压局面一直持续到7月15日才有所好转。影响高峰时，中间站保留放关车10列、站内积压5列，出国车保有量由月初的1700车增至2300车。另外，外方口岸站能力不足或车辆运用紧张，也经常会造成我方口岸拥堵。2019年6月，由于哈萨克斯坦多斯特克站换装所需空平车数量不足，只能是阶段性限接甚至是不接收阿拉山口站交车，导致准轨日均交出426车，较正常水平少80车，从而造成经阿拉山口出国车保有量激增、站内拥堵。



2. 开行计划不细

当前中欧班列仍多采用“点对点”开行模式。由于受货源、线路等因素的影响，没有一个详细的良好的开行计划，无法严格按照开行方案将之纳入日班计划，其编组、车次和开行时间仍存在较大变数，相关工种调度不固定，华北地区形成合力，按照图定时刻开行的正点率低，加上为客车让行和施工天窗的影响，整个运输途中的正点率难度大、效果有待持续优化。

3. 调控手段落后

中欧班列运行情况靠调度员在运行图上查询，效率低、易疏漏。在中欧班列开行列数越来越多的情况下，每天实时在途运行列车为50～60列，人工作业难以满足全车次、全过程的盯控要求。加上各主要通道均为能力紧张区段，一旦晚点车次较多，很难恢复。

4. 专用车辆保有量不足

全路现有两用平车 5.76 万辆，扣除桥梁专用车、钢轨专用车、路用车、检修车等，日常可运用的约为 4.8 万辆；专用平车约为 4.18 万辆，扣除双层箱专用车、保温箱专用车、检修车等，日常可运用的约为 3.6 万辆。以 2019 年实际完成周时计算，日均可装车 16500 车，其中装重箱约 14500 车，日均缺口达到 8500 车，均需要由敞车来补充。另外，如果满洲里、二连浩特口岸回程班列集中到达，将造成阶段性平车数量不足，只能等待换装或使用敞车装运，延长运行时间，影响运行品质。

5. 技术站作业时间长

中转技术作业是货物列车运行过程中的重要环节，特别是对于长距离货物列车而言，在运行途中往往要进行多次中转技术作业，这些作业所用的时间是货物列车运行时间的重要组成部分。以 2018 年 6 月 14 日郑州局圃田至阿拉山口的 X8005 次列车为例，全程旅行时间为 59 小时 56 分（3596 分），途中共经过 5 次中转技术作业。该次列车技检作业的总时间为 196 分，占其全程旅行时间的 5.5%；在列检作业站的停留总时间为 324 分，占其全程旅行时间的 9.0%。中欧班列途中列检作业站停留的时间平均占到全程旅行时间的 10%左右，个别列车的占比高达 17.4%。综合以上分析，中转技术作业所用时间是中欧班列全程运行时间的重要组成部分。因此，减少中转技术作业次数、压缩技术站技检和停留时间，是提高中欧班列运行速度的有效手段。



## 7.5 铁路运单的局限性

### 7.5.1 中欧班列铁路运单不是物权凭证

铁路运输单据不具有海运提单的流通功能等问题的存在，导致使用中欧班列运输在贸易便利、资金流转、银行结算等方面存在不足，这也成为制约中欧班列发展的重要原因。铁路运输是以提货人的身份为准进行提货，并非凭运单提货。

1. 铁路运单不具有流通功能

中欧班列使用的铁路运单不是权利凭证，无法使用银行信用证，也就无法实现资金的流转。与海运提单不同，铁路运单不具有权利凭证的效力，因此不能用于银行信用证结汇，无法通过买卖单据实现在途货物买卖以及质押融资等交易。铁路运单在经济功能上的缺失加大了出口商的风险，国际铁路联运无法利用金融及相关服务促进贸易发展，客观上成为制约亚欧大陆铁路通道拓宽的障碍。目前，在国际铁路联运业务中，中国主要依据《国际货协》制定国际铁路联运运单。《国际货协》第 14 条规定，该类单证仅是托运人与承运人之间订立的铁路运输合同，并不可作为权利凭证。目前，在实务中使用铁路运单时，大多通过电汇（T/T）方式结汇，占用资金大。对于货方而言，若能够在铁路运输中使用具有权利凭证功能的单据，就可以通过信用证结汇以缓解资金压力，货方希望这种流通性能够得到法律保障。



2. 铁路运单不能作为提货凭证

铁路运单不是收货人提货的凭证，收货人凭借身份证明即可收货，因此货方不能有效地控制货物，增加了货方的风险。根据《国际货协》第 16 条规定，铁路运单的收货人可以在结清运输费用之后取得货物与单据。在单证流转过程中，如果把不具有权利凭证功能的单证作为信用证项下的议付单据，将无法通过单据实现对货物的控制占有，则会产生买方未向开证行补齐剩余款项而凭其相关身份证明直接提货，或补齐剩余款项后得到的单证并不能作为提货凭证而被他人冒提货物等方面的风险。由于货方无法实现控货，也就无法通过买卖单据实现货物的交易流转，更不能使用信用证方式进行结算，这就为国际贸易流通结算带来一系列的问题。

3. 铁路运单不能实现“一单到底”

中欧班列使用的铁路运单存在换单的问题。因《国际铁路货物运送公约》（以下简称《国际货约》）与《国际货协》使用不同的运单，且仅在各成员国之间适用，如果中欧班列途经的国家为《国际货约》的成员国，将会产生中途换单的问题，也会造成适用运输公约的混乱。此外，在国际铁路联运与其他运输方式组合使用时，需要多张铁路运输单据与其他运输单据同时使用才能完成。因此，现有中欧班列使用的铁路运单不具备海运提单的权利凭证功能，无法开立信用证进行银行结算，增加了卖方的风险。由于《国际货协》与《国际货约》规则的不统一，无法满足中欧班列对货物贸易流通高效便捷的需求，既不能实现货物与资金的流转，也无法保障铁路运输的效率。

### 7.5.2 中欧班列单据的国际公约困境

在现有的国际公约语境中，无法为中欧班列单据提供解决方案。虽然国际铁路联运可以适用国际铁路运输规则或多式联运规则，但以海运为核心建立的国际运输规则没有充分考虑铁路运输的特殊性，在调整范围上具有一定的局限性。无论是国内立法，还是我国参加的有效的国际条约，均不能为中欧班列提单改革提供明确的法律支撑。鉴于物权法定原则的掣肘，亦无法通过对现有法律的司法解释为班列提单提供法理支持。因此，只有通过国内或国际层面的立法方能弥补班列提单无法可依的缺憾。

1. 铁路运输相关法律制度滞后

随着铁路通道能力建设的不断完善和增强，亚欧间的国际铁路联运也迅速发展，目前亚欧大陆上已经建立起多个国际铁路联运线路。国际公约方面，铁路运输方式的发展突飞猛进，国际铁路公约的签订无法满足铁路运输全方面发展的需求。现有的铁路运输规则未对单证流通性提供有效的制度保障。中欧班列作为运行于亚欧国家间的铁路国际联运列车，联合铁路、海运、空运、公路运输方式，仅有调整铁路运输的《国际货协》和《国际货约》，无法涵盖中欧班列在单据流转、控货等环节出现的问题。

关于多式联运的国际规则主要有两个：一是 1980 年的《联合国国际货物多式联运公约》（*United Nations Convention on International Multimodal Transport of Goods*，以下简称《多式联运公约》）；二是 1992 年的《1991 年联合国贸易和发展会议/国际商会多式联运单证规则》（*UNCTAD/ICC Rules for Multimodal Transport Documents*，以下简称《国际商会单证规则》），该规则成为全球普遍接受的多式联运单证标准，并且经常作为各国制定相关法律的基础。《国际商会单证规则》虽然认可了多式联运单证在一定程度上具有可转让的属性，但在规则的适用性方面，《国际商会单证规则》属于经当事方选择适用的商业规则，在适用性上不具有强制性。而《多式联运公约》因种种原因至今尚未生效，其中第 18 条和第 19 条责任限额条款规定对不包含水运的多式联运的责任限额也使用了等同于《国际公路货物运输合同公约》（*Convention on the Contract for the International Carriage of Goods by Road*，*CMR*）的限额标准，未体现铁路运输的因素。



2. 缺乏支持国际铁路运输的国际规则

1980 年的《多式联运公约》和 1992 年的《国际商会单证规则》，都没有针对铁铁联运的相关规定，两规则都是以海上运输为基础，并没有涉及国际铁路联运或单一铁路运输单据的规定。1980 年的《多式联运公约》，没有针对不同国家之间铁路联运承运人责任的规定。

3. 铁路运输海关通关程序更加烦琐

由于海运与铁路运输使用的单据不同，其通关的程序也存在许多不同之处。海运与铁路运输在通关硬件上不同，导致风险更高。海上运输在运输终端有堆场，可以方便实现押汇；对于国际铁路运输而言，中欧班列在其他国家没有堆场，无法实现控货。铁路的承运人到达目的地后只需收取运费，通过收货人的身份证明即可放货，无须等待货款支付后再放货。

4. 海运与铁路运输在报关主体上不同

在海上运输的报关程序中，海关接受货运代理人报关；而在铁路运输方式中，依据《国际货协》第 11 条规定，海关接受货主报关，没有规定货运代理人报关的相关事项。例如，俄罗斯铁路规则要求必须是真实的收货人进行报关，当货运代理人从事国际铁路运输时，不具有报关的主体资格。

5. 海运与铁路运输结算方式不同

在交货方式上，海上运输的交货是依据有权利凭证功能的海运提单放货，银行通常采取付款赎单的方式给付信用证，货方可以通过控货保证收取货款的安全。而铁路运输是依据运单上收货人的身份交货，收汇一方无法通过运单控货，如果采用货代控货运输的方式，货代在报关、退税等程序中不能成为合格的主体。因此，从借助中欧班列从事贸易活动的主体角度看，国际铁路联运对亚欧货物运输具有十分重要的作用，但由于存在资金速度回流慢、货方存在控货风险、无法使用银行信用证等局限性，国际铁路运输的发展受到制约。

6. 认可的国家或地区少

铁路运输单据作为“提单”是班列公司自己的定义，并不是法律认可的物权凭证，认可的国家很少，银行参与的积极性不高。在地方政府的大力推动下，目前也仅有少数国内银行及其海外支行参与合作，且实践中均须通过合同约定的方式，明确各方权利义务，缓释银行风险，有时甚至需要提供全额保证金，由此会导致其融资成本高、融资效率低，难以实行大规模市场化运作。地方的“提单”试点其实只应用在进口方面，而出口得不到外国支持，暂时还没有涉及。

8

# 中欧班列创新发展政策建议

经过10多年的持续培育和发展，中欧班列已成为中国品牌和“一带一路”建设的旗舰项目，虽然其在市场培育、品牌效应、美誉度和客户信任度等方面都取得了巨大的成就，但仍需针对存在的问题采取有针对性的措施，以推进班列的市场化良性发展。

## 8.1 建立中欧班列耦合共生模式



竞合概念（Co - opetition）是不同关系网络中蕴含竞争与合作的关系集合，且表现为竞争和合作的交互作用。要想保持中欧班列健康、有序、快速、可持续发展，应在各城市班列之间建立耦合共生关系。

### 8.1.1 中欧班列合作竞争相关研究

针对中欧班列发展中存在的竞争与合作方面的研究，涉及的范围很广，有针对班列与海运之间的竞争研究，有针对班列所属城市政府和平台公司的竞合研究，以及针对不同城市班列之间的竞争合作研究。主要研究内容如下：

1. 中欧班列与其他运输方式的竞争关系研究

现有部分研究集中于班列与海运之间的竞争，时间和运费是讨论的焦点。如莫辉辉等（2015）采用多式联运竞争模型对比核心节点间的陆海运输距离、运费及时间耗费，划出了班列运输的比较优势区。孙昕等（2016）基于竞争分析模型，依据运输时间和成本，比较了义乌和西安至欧洲的铁路运输及其海铁联运的经济性。刘劲松（2015）定性地从运输时间和费用方面探讨了陆海运输的竞争态势，指出对于大部分货物而言，很难说班列具有竞争优势。Li 等（2019）基于随机效用理论的离散选择模型，研究了中欧班列与航运间的市场份额竞争。曾玮等（2019）基于显示性比较优势理论，构建了跨国集装箱班列的相对竞争力模型，并研究了中欧班列与海陆联运、航空的竞争，指出班列适合运输时间中度敏感类货物。陆梦秋（2018）将不同价值的集装箱在时间成本中产生的利息纳入运费计算，构建了陆海运输平衡线与集装箱价值平衡点模型，并测算了海运、陆运的优势区域。

总之，中国运输集装箱至欧洲的陆、海优势分区格局在整体上仍处于模糊认识状态。已有研究大体上认为，针对高附加值商品，在考虑时间成本的基础上，班列运输具有竞争优势。

2. 班列之间竞合关系研究



（1）竞争关系研究。部分学者重点研究了班列的竞争情况，Wang 等（2018）认为设施联通、运输价格、货源及政治环境会显著影响中欧班列间的竞争；付新平等（2016）基于价值成本量研究中欧班列线路间的竞争，并筛选出了最优班列线路方案。

（2）合作关系研究。目前，多数学者主张通过建立中转、集结中心等方式进行中欧班列间的合作，如 Zhao 等（2017）运用 TOPSIS 方法，选择中欧班列集结中心城市；闫伟等（2019）研究了中欧班列间平均运行速度、货物时间价值对集结运输合作模式的影响；江志娟等（2017）构建了可持续联运枢纽配置模型，并提出成立中转联运枢纽城市进行货物集散、中转的合作方式；李天昊等（2018）对中欧班列网络赋予不同节点功能来合作组织运输，设计开行直达班列、集结班列、补轴班列、混合班列等。

（3）竞合模式研究。针对中欧班列竞合问题的研究，是近年来学者关注的焦点。李玉民（2020）运用改进 Hotelling 模型，以多个班列运营商之间竞合关系为研究对象，结合集装箱运输成本、地理位置、运输费率、利润分配占比等因素，构建了完全竞争模式（NC）和半合作模式（HC）两种竞合模式，指出当班列运营商的利润分配占比满足一定条件时，可合作结成中欧班列运营商联盟，当合作后的集装箱运输成本大于阈值时，竞争是最优策略，反之合作是最优策略。班列的开行是在平台公司的组织下运营的，然而班列的发展离不开地方政府的引导和推动。张蒙蒙（2021）采用竞合博弈模型，构建了基于地方政府、平台公司的双层竞合模式，研究结果表明，政府牵头带动合作有益于地方社会福利的增加；当平台公司与竞争对手主动寻求合作关系时，平台公司可以获得更多的需求与利润。陈思（2021）围绕5个中欧班列集结中心，设计了将不成列集装箱在共享线路城市群中的集并调运流程，并构建了面向共享线路的中欧班列集并运输组织模型。

### 8.1.2 中欧班列竞合策略



上述研究为班列的竞合发展奠定了理论基础，为了推动班列的耦合竞争，需要在实践中探索创新发展。

1. 发挥牵头部门的协调作用

强化中铁集装箱运输有限责任公司与商务部、工业和信息化部、外交部、海关总署、中国铁路总公司和地方政府之间的关系，可以设立由多个部门共同牵头组建的“中欧班列”领导小组。办公室设在中国铁路总公司，进行国家层面的顶层设计，统筹推进与沿线国家的合作，解决换装能力不足、开行速度低以及货物运输安全、环保协调等问题，从总体上引领中欧班列在丝绸之路经济带稳定高效发展。

2. 引导建立中欧班列互动协作机制

开展多种形式的合资合作经营，可以强强合作，形成领军企业；也可以实施区域联动，减少线路重叠和运力浪费现象。按照货物发往方向设立集结点，分点集中箱源，提高发车频率，这样既省时又经济。比如，重庆、成都政府实施“共建双城经济圈”政策，推动中欧班列开展口岸互联、通道资源共享、境外节点协同等合作。又如，重庆与新疆、湖南、甘肃已初步形成以重庆为集货中心，沿途加挂、分拨的联运机制。通过海铁联运、公铁联运等方式，将集结点辐射的众多支线上的零散货物集结到枢纽城市装载，形成满载班列，由此实现成组集结、零散中转、共享班列号的组合运输模式。如 A 城市的班列以莫斯科为目的地，那么国内发往莫斯科的货就都在 A 城市聚集；若 B 城市主要目的地是华沙，那么，周边城市发往华沙的货就都在 B 城市聚集。

3. 强化中欧班列集结中心的作用

深刻把握中欧班列发展面临的机遇与挑战，全面加强五大集结中心建设，优化空间布局，尝试划定 1500 千米范围内的货源地区，提高每趟班列满载率，提升发展质效。以五大集结中心为核心，构建共享线路，打造中欧班列集并运输组织模式，将不能单独成列的集装箱按共享线路城市群网络组织，集中于 5 个集结中心，以城市群利润最大化为目标，优化集装箱在各城市之间调运策略，最大限度地保障地方政府及运营企业的利益，增加重箱率，减少空载率，控制运输成本，全面提升中欧班列开行质量。



不断提升基础设施信息化、智能化水平，努力实现交通枢纽向贸易和产业枢纽转变，助力集结中心深度融入共建“一带一路”大格局。及时把握后疫情时代全球产业链转移、供应链重组、价值链变迁的新趋势，准确把握商贸物流形态业态、组织方式变革的新动向，找准融入国内大循环、国内国际双循环的目标定位，加快构筑连接东西，联动陆海空，面向中亚、南亚、西亚，效率高、成本低、服务优的亚欧陆海贸易大通道。

4. 注重运用市场化手段

利用市场促进现有班列运营企业通过市场化机制和利益纽带，采取兼并重组或参股等深度合作形式，实现利益共享。各班列平台公司可尝试建立松散的联盟，建立信息互享平台，促进价格、货物集疏等协作，促进中欧班列长期稳定、健康、可持续发展。如新疆发起的由11个省（区、市）的中欧班列运营企业联合成立的“全国中欧国际货运班列联盟”，十分有利于各大运营公司分享信息流，整合市场资源。再如，重庆和成都经常都有从德国回程的班列，如果两趟班列都不满载，就应该考虑合并为一趟班列，到国内再分装，但前提是货源信息的分享和综合利用。

## 8.2 完善枢纽物流设施建设

针对当前中欧班列运力不足，拥堵现象严重的问题，完善班列沿线基础设施，打破“瓶颈”制约，已成为当下的重要任务，具体可以从以下几方面实施：

1. 敦促国际段物流设施建设

畅通丝绸之路大通道，从长期来看，需要沿线国家在硬件建设上加大投入，对传统铁路进行技术改造、增加铁路复线，远期应规划建设国际高速铁路网。完善各国跨境铁路基础设施，建立国际大通道的全线标准轨道，减少换装的程序和麻烦。短期内，需要提高俄方通关便利性，利用中俄铁路双方高层会晤会商的时机，敦促俄铁改造口岸站设备设施，提高集装箱起重能力和换装能力，打破“瓶颈”制约，确保中欧班列快速交接，减少在中方、俄方境内结存现象。协调境外马拉舍维奇、外贝加尔、扎门乌德等重点口岸的相关工作，加快基础设施建设，疏通境外换装节点“瓶颈”。

2. 推进国内物流设施建设

根据中欧班列规模化发展需要，推进阿拉山口、霍尔果斯、满洲里、二连浩特等境内口岸建设，提高口岸车站的换装和仓储能力。优化我国出境口岸布局，拓展境外入欧新口岸，统筹运用沿线口岸换装能力，保障中欧国际物流通道畅通稳定。提升我国五大口岸的换装能力，对满洲里站、二连浩特站、阿拉山口站进行扩能改造，提高集装箱列车的接发、换装能力。完善境内口岸功能，优化汽车、粮食、木材、邮件等口岸布局。

3. 加强境内物流枢纽节点建设

围绕中欧班列枢纽节点，打造一批具有多式联运功能的大型综合物流基地；完善冷链物流基地、城市配送中心布局，支持在物流基地建设具有海关、检验检疫等功能的铁路口岸；加强与港口、机场、公路货运站以及产业园区的统筹布局和联动发展，形成水铁、空铁、公铁国际多式联运体系，实现无缝高效衔接。提升中欧班列去程的货源组织、运输组织效率。我国正在对五大出入境口岸和五大集结中心进行扩能改造，还要引导帮助相关国家加强班列过境基础设施建设，尤其是提高关键物流站点的通过能力和效率。

4. 加快设施设备升级

发展铁路内陆集装箱和特种集装箱，不断完善集装箱种类及型号，满足冷链、商品车等高附加值货物的运输需求，坚持配置先进的技术装备，选择高效、经济、环保的装卸机械作为主要机型，科学确定装卸机械配置数量及选型标准，配备专业化装卸吊具，提高装卸机械化水平。



## 8.3 优化运输服务模式

### 8.3.1 创设中欧班列国际运输协调委员会

1. 中欧班列国际统筹运行机构创设的必要性

当前，中欧班列的运输组织基本上是沿线各国各自负责其国内部分，属于分段包干模式，缺乏对物流服务质量和成本的整体把控，因而影响了班列整体运行效率和效益。尽管近年来我国铁路部门与丝绸之路经济带沿线国家的铁路部门签订了一系列合作协议，建立了相应的沟通协调机制并联动海关、商检等贸易监管服务部门，但并未形成班列运行利益共同体和责任共同体，在推进中欧班列高效便捷运行方面缺乏内在驱动力和主观能动性，属于被动配合而非主动作为。因此，需要成立相应的机构，以协调国家间中欧班列事务。

2. 中欧班列国际统筹运行机构职责设定

应借鉴亚洲基础设施投资银行的组建和运行机制，推动能统筹全局，由中欧班列途经各国的铁路部门组建股份制的跨国铁路运输服务公司（中欧班列国际运输协调委员会），创建中欧班列国际协调机制，搭建便于相互沟通和协调磋商的交流平台。在中欧班列发展中找到各会员国的利益契合点，把丝绸之路经济带上穿越亚欧大陆桥的 18 个国家打造成互利共赢的利益共同体，及时协调解决班列运输的各种相关问题。

该机构的职责主要体现在 4 个方面：其一，加强沿线国家铁路基础设施和口岸硬件设施建设，以畅通口岸通关和运输；其二，建立统一的信息平台，相互交换列车实时信息和货物在途跟踪信息等，协调简化海关手续，提升通关速度；其三，优化中欧班列运输路径，完善运输组织流程，压缩列车运行时间；其四，与班列沿线国家的铁路、海关、检验检疫、边防等部门协商，降低过境运费，统一监管标准和清关政策，建立一体化信息系统等，共享中欧班列畅通运行所产生收取的运费、装卸费、管理费、关税等直接利益，以及贸易创造效应、物流通道效应、产业带动效应等间接利益，从而促使沿线各国积极主动地参与。

### 8.3.2 优化过境通关服务

要加强沿线国家双边及多边政府间的沟通与协商，在沿线城市互设领事与办事机构，建立定期沟通机制；强化铁路、海关、国检及物流服务商的协作，在通关效率和单证简化方面进行改革，简化流程，提高通关速度，保证运输时间和效率。

1. 加强口岸通关

积极推进单证和运输系统的信息化建设，改变中欧班列单证和文件处理手工操作的现状，提高单证的准确性，促进沿线铁路间单证流转效率，减少甚至消除过境文件的手工录入和核查工作，实现中方、俄方、哈方相互之间单证 EDI 数据交换，为中欧班列沿线国家海关文件监管互认提供有力支撑。

2. 加强沿线国家检验检疫国际合作

进行区域化管理和互认工作，在班列沿线检验检疫机构间实施“通报、通检、通放”，实现沿线“出口直放、进口直通”，对符合条件的中欧班列集装箱货物实施免于开箱查验、口岸换证等政策。打造铁海联运国际中转物流通道，建立中欧班列检验检疫信息化系统，实现全口径进出境班列数据共享，简化纸质单证流程，推进检验检疫无纸化工作。

3. 完善境内外铁路全程运输组织机制

加强沿线国家运输组织的紧密衔接，优化常态化班列运输组织流程，统筹运用境内外运力资源，提高跨境运输组织协同保障能力。依托中欧班列七国铁路协调机制，加强与沿线国家的铁路协作，促进班列运行信息交换，联合编制全程时刻表。优化常态化中欧班列组织机制，不断拓展货物品类，提高国际铁路物流协作水平。推进国际铁路物流全程盯控工作，强化应急处理，减少运输拥堵现象。



### 8.3.3 优化运输路径

1. 优化班列线路布局

应优化线路布局，提高中欧班列运输时效，减少线路重复现象，缓解甚至避免通道拥堵问题，进一步拓展通达范围，促进贸易通道通畅。制定旨在遵循干支结合的班列组织原则，即在尽量维持中欧直达班列常态化运营的同时，增设适量的中转班列，在条件允许的情况下合并低效、重复的直达班列，提升货源组织效率，降低班列服务网络的综合成本。

（1）铁路对接。将“一带一路”倡议与欧洲发展战略对接，深化中欧互联互通合作，探索中欧班列线路与巴库—第比利斯—卡尔斯

（BTK）铁路线对接、与俄罗斯—乌克兰—斯洛伐克—奥地利宽轨铁路项目等相关铁路线路计划对接，促进共同发展。

（2）海路通道衔接。促进中欧班列贸易通道与国际陆海贸易新通道衔接，进一步拓展延伸中国西部和南部的国际铁路通道，特别是利用产业向东南亚国家转移的机遇，延伸中欧班列运输线路，通过中欧班列将东南亚—中国—欧亚—欧洲连接起来，从而实现“一带”与“一路”的融合，促进“一带一路”贸易畅通，共享通道经济，全面推进对外开放新格局建设。继续深化发展过境斯洛伐克、匈牙利、罗马尼亚等国家的中南部通道，并与中欧陆海快线衔接，发挥中东欧国家在中欧班列运行中的枢纽作用。

（3）通过海外仓扩大线路辐射能力。支持相关企业在俄罗斯、波兰、西班牙、德国、匈牙利等沿线国家通过合作或自建海外仓，在发挥其物流配送、集货、吸引和集聚回程货源功能的同时，拓展清关、退换货、数据分析等功能，提升中欧班列的支线扩散和腹地辐射能力。



（4）优化境外还箱点网络布局。推进境外枢纽和还箱点建设，支持按照市场化原则参与境外枢纽建设，统筹各企业境外部署的物流资源，形成境外物流经营合力，打造汉堡、杜伊斯堡、莫斯科等境外枢纽。优化境外还箱点网络布局，在欧洲主要节点城市和港口，设立更多可堆存管理标准箱和特种箱的铁路箱还箱点，满足多样化用箱、还箱需求。

2. 整合国内班列

中欧班列开行的最初目的是满足本地产业发展的需要，是一个贸易通道选择的需要，是我国内陆型城市与欧洲内陆型城市深化贸易合作的需要。因此，中国铁路总公司应鼓励城市班列运营公司根据地区发展的状况实施整合，以服务支持本地或本区域产业发展为本源，以本地产业和贸易为基础，基于班列货源地、货源结构、城市区位等优势，以通道带贸易，以贸易聚产业，打造区域贸易枢纽，构建区域开放新格局。在国内外铁路运力既定条件下，控制班列开行总体规模，根据已开通城市的运营能力、历史贡献水平、线路资源、货源支撑、供需情况等，合理分配开行数量，逐步形成合理运价。鼓励开行城市深耕班列，聚焦精品线路，提高开行质量，形成整合效应。鼓励开行基础较差或现在运营比较吃力的城市，逐步停止开行班列或与其他城市进行整合。对打算新开行中欧班列的城市，设置一定的准入门槛，对于没有产业基础和货源支撑的申请，不予批准。合理控制规模，促进开通城市良性竞争，以推动中欧班列高质量发展。

针对回程空箱调用问题，采用集装箱共享理念。基于中欧班列整体，整合各班列公司的集装箱资源，以期提高集装箱使用率，缩短集装箱在国外的无效堆存时间，降低各班列公司的空箱调运费用。

### 8.3.4 强化班列物流数字化



1. 建立客户信息管理系统

建立客户信息管理系统，实现对客户名称、货运需求以及其他个性化要求等信息的记录和共享，使客户在发货时无须多次向不同部门重复提供信息，增强客户服务体验，提高客户的满意度。同时，针对不同客户的个性化需求，提供差异化的货运服务，从而达到优化中欧班列服务质量的目的。

2. 建立中欧班列信息查询系统

建立中欧班列信息查询系统，使客户能够随时了解班列最新信息，可根据班列发车信息表准备货物，同时能够清晰地了解有关中欧班列运输线路、运输方案、运价方案等信息，也能随时查询已定班列的运输状态、通关情况、转关情况、到站时间等，使客户能够随时掌控货物的运输过程信息。

3. 建立综合服务系统

完善95306国际联运信息平台，将各国铁路系统、海关、货运代理公司等连接成一个互联互通的整体，实现一次信息录入，多项业务同时开展的局面。综合信息平台的建设将消除多项人工录入信息、人工处理票据的环节，并且信息的共享将为后流程部门提供更多的缓冲时间，实质上直接提高了后流程的作业效率。推进与欧亚、欧洲等地区国家间国际联运运单、跟进追踪信息等 EDI 信息交换，并促进海铁联运、公铁联运体系建设，促进铁路、公路、海运等多种运输方式间的信息共享，并推行“公铁水”“一票到底”运输单证，降低成本，提高运营效率，推动中欧班列贸易通道高质量发展。该系统能够满足客户足不出户就能完成运输交易的需求。该系统由货运代理企业、物流公司、海关、班列公司等联合组成，可互相交换联运数据，制定联运方案，使客户无须考虑诸多细节，只要提出自己的需求就可促成上门取货、做柜装车、报关报检、送货上门等一系列复杂业务流程的实现。

4. 建设海关监管互认系统

通关一直是影响中欧班列运行效率的关键环节。应优化“属地报关、口岸通关”的政策，通过提前在属地海关报关，减少班列在口岸停留的时间。建议各地建设海关监管互认系统，口岸海关授权属地海关，对当地出发的货物进行审核、查验和放行，口岸海关仅需根据监管系统上的货物放行证明就可直接予以放行通过，这样将减少班列在口岸的停留时间。尤其是对于开箱查验这一特殊情况，如在属地海关进行开箱查验，对整个流程效率的影响将小于在口岸进行开箱查验。



5. 推进数字技术在班列及相关领域的应用

进一步推动移动互联网、“北斗”系统、大数据、区块链、云计算、物联网等技术在中欧班列中的应用，加强与沿线国家在动态数据交换、跨境电子商务等方面的合作，无缝连接供需，共商共建共享中欧班列贸易大通道。

## 8.4 创新地方补贴模式

针对政府补贴导致班列运行市场扭曲和加重地方政府负担的问题，不少学者进行了补贴退出的理论研究，也给出了相应的实践建议，引导班列向市场化方向发展。

### 8.4.1 补贴退出的相关研究

对补贴的已有研究，多集中于补贴方式优劣的分析、单一补贴方式最优补贴额的求解等方面。孙彩虹等（2021）研究了中欧班列政府补贴的退出条件，认为构建跨国双向供应链是政府补贴退出的可能选择。谢雨蓉等（2020）发现中欧班列的发展受政府补贴和政策创新等因素影响，运用数学模型研究了中欧班列与班轮之间的运价竞争，以及在政府不同的补贴决策下，中欧班列企业的发车间隔情况。Kundu等（2019）研究了政府补贴决策对中欧班列铁路运输与海运之间竞争的影响，发现政府补贴会影响托运人对货物出口运输方式的选择。Feng等（2020）基于地方政府和平台公司构建补贴模型，研究了地方政府的最优补贴值。



也有研究侧重于补贴的退坡模式及策略。冯芬玲（2022）认为政府补贴可以有效培育市场，但应建立考虑资金占用、运输风险、货物贬值的时间价值模型，实施差异化补贴，以增加社会福利。李玉民（2022）提出政府补贴效率遵循“边际效用递减”规律，设计科学合理的中欧班列补贴退坡方案，将中欧班列补贴全周期划分为成长期、成熟期、退坡期，政府在相应时期应采取增加补贴、稳定补贴、补贴退坡等相应政策。

这些研究为各城市政府创新班列补贴模式奠定了理论基础。

### 8.4.2 退出补贴的可行做法

从长远来看，班列的健康发展应由市场“看不见的手”来调控，退出政府补贴或治理中欧班列市场补贴乱象势在必行，具体应从国家和地方政府两个层面采取措施。

1. 国家层面

（1）国家相关部门应规范地方政府补贴行为。国家相关部门可以组织相关物流和铁运领域的专家，依据班列发展的时段特征，制定班列补贴收紧指南，从总体上引导班列补贴的发展方向。鼓励运营状况好的中欧班列所在地方政府，如重庆、郑州、成都、西安，在班列补贴方面创新发展，先行先试，发挥示范引领作用。鼓励地方政府合理、适度补贴，规范补贴行为。

（2）国家应从顶层多方位统筹规划。国家应从多方位引领，推进多角度扶持政策，推行中欧班列补贴退坡的替代政策，提升中欧班列运营能力、改善运营质量，推动班列市场良性、健康发展，进而降低中欧班列对政府补贴的依赖程度。

（3）建立补贴退坡政策落实督导机制。国家应建立补贴退坡政策落实的督导机制，应分阶段逐步落实政策，同时要避免明补变暗补，名退实不退，增强补贴退出的稳定性和可预期性，营造中欧班列公平竞争环境，有效促进市场竞争公平有序，让市场在中欧班列发展中起决定性作用，避免中欧班列开行数量的大起大落。



2. *地方政府层面*

（1）打造班列产业体系。从长远的角度来看，班列的市场化发展需要有强大的产业体系支撑，因此从打造班列产业体系角度谈退补是根本。新时期应继续围绕中欧班列常态化规模化运营，依据“班列→物流枢纽→陆港→产业体系”的发展思路，倒逼物流体系、口岸体系、产业体系的发展。政府通过举办产品推介会、以政府形象为中欧班列货物代言等形式，为班列商品提供更多的展示机会，推动中欧班列市场以运带贸、良性运转，带动开行城市在更高的起点上集聚资源，进而吸引相关高附加值的产业落地，逐步实现“运贸产”一体化，促进当地贸易转型升级和城市转型发展，进而为班列奠定丰富的货源基础。

（2）推进平台多元化经营。一方面，鼓励平台公司引入有经验、有实力的物流公司参与班列运营，通过市场机制引入竞争，推动中欧班列运行市场平稳、健康发展。另一方面，鼓励平台公司利用市场化举措和班列物流仓储的富余资源，实现多元化经营，既能降低班列的运营成本，又能提高投资收益率，从而摆脱中欧班列需要补贴的困境。如西安国际陆港投资发展集团有限公司打造洋码头，引入线上线下互动的进口商品商业零售模式；汉欧班列成立了贸易公司；郑州国际陆港开发建设有限公司打造“班列购”郑欧商城等；蓉欧快铁实施“蓉欧+金融”“蓉欧+信息”等目标战略。

（3）创新班列运行模式。地方政府应丰富中欧班列的运输模式，支持开行公共班列、提供多点集结服务、优化“门到门”服务等，拓展“中欧班列+”业务范围，如“中欧班列+冷链”“中欧班列+跨境电商”“中欧班列+邮政运输”以及中欧班列定制专列等，推进中欧班列由量到质的提升，吸引全球资源，拓展多类产业园区，将补贴吸引的短期货源、潜在货源转化为长久货源。同时，尝试将货物补贴转化为班列运营企业补贴，或给予政策范围内“绿灯”的特权，进而推进中欧班列运营企业创新发展，提高运行质量。



（4）依据发展阶段适时调整补贴额度。地方政府应该根据市场情况适时调整补贴额度，以最大限度地发挥补贴的作用，保持补贴有效性。班列开行初期，应强化补贴力度，以吸引货源，快速扩大市场份额；在班列成长后期，应小幅度提升补贴或保持现有的补贴强度，以稳定中欧班列市场，促进企业聚集，形成班列产业体系；在班列成熟期，应以合适的退坡速率逐步减少政府补贴，既不提高政策执行成本，也不影响中欧班列市场稳步发展。

## 8.5 破解班列提单物权属性

要赋予班列提单物权凭证属性，确立以班列多式联运提单为主的运输单证体系，与海运及空运以提单运输和交付的国际通行方式接轨。

### 8.5.1 国际层面的两个方向

借鉴海运提单贸易规则的成功经验，签署国际条约或协定可以一蹴而就地解决中欧班列提单物权凭证属性的法律问题。基本做法有两种：

1. 修改协定相关内容

提议修改《国际货协》“第 8 条”和“第 5.5（b）条”，增加包含铁路运输在内的多式联运提单类型，赋予单证以物权凭证属性，由记名运单升级为指示提单，确保其流通性。为了实现中欧班列沿线国家全覆盖，应积极申请加入《国际货约》，并提议修改其第 6 条、第 7 条的规定，使其与修改后的《国际货协》内容协调一致。

2. 推动联合国贸易法委员会修订《联合国国际货物销售合同公约》（以下简称《公约》）

由于《公约》是 20 世纪 80 年代拟定的，已无法适应当前国际货物多式联运发展的新要求，需要全面修改，多式联运提单物权问题可以纳入“一揽子”修改意见。再加上《公约》尚未生效，只需要与联合国贸易法委员会协商，没有其他成员的掣肘，修改起来相对比较容易。但是，无论是提议修改《国际货协》和《国际货约》，还是更新《公约》，周期都比较长，结果存在或然性，因此需要同时研判国内层面可能的努力方向。



### 8.5.2 国内层面“三步走”方案

1. 以川渝实践为基础，启动专门性立法程序

国家相关部委应全面总结中欧班列提单改革经验，形成实践惯例与制度规范，并向全国推广。同时，研判启动《中华人民共和国铁路联运法》立法程序，通过立法确立班列提单的物权效力。由于中欧班列前段和末端大多需要公路、水运的分拨，中欧班列“一单制”亦包含了公铁联运、铁水联运提单。单纯的铁路运输法规还是无法解决联运提单的物权效力问题，而《中华人民共和国铁路联运法》可以一步到位，亦可直接对标未来更新的《公约》。因此，建议直接制定《中华人民共和国铁路联运法》。

2. 以中国法的适用推动沿线国家习惯法的形成

我国《中华人民共和国铁路联运法》颁行后，在班列所涉的所有

单证文件中载明“适用中国法”的法律适用条款。随着中欧班列的延伸，我国法律的域外效力亦会在“一带一路”沿线区域不断延伸。因为，只要嵌入“适用中国法”的法律适用条款，无论是波兰法院，还是德国法院管辖，班列提单物权属性都将根据我国法律认定。如是，通过沿线国家的法院、仲裁机构发布的普遍的、肯定性的判例，将形成多数国家认可的、前后一致的亚欧国际习惯法，这就为统一国际公约奠定了基础。

3. 以亚欧国际班列提单实践推动国际相关条约的统一

随着我国《中华人民共和国铁路联运法》的域外适用，“一带一路”沿线将积累大量判例，渐趋形成习惯法，协调现有公约或谈判新条约亦将水到渠成。届时，如若联合国《公约》修订依然未完成，我国即可牵头谈判“欧亚国际货物铁路联运协定”，抑或提议修改、统一《国际货约》和《国际货协》。如是，不仅为中欧班列提单实践提供了强有力的国际法保障，还将推动亚欧运输联盟，甚至中欧全面经济伙伴关系的建构。



## 8.6 增加回程货源

1. 推进禁运解除

进一步与俄罗斯、欧盟、波兰等国家和地区协调、沟通与合作，推动相关货物禁运的解除，让更多、更丰富的欧洲食品通过中欧班列进入中国市场。增加中欧班列集零成整、中转集散的功能，增加国外货源。

2. 利用中国境外合作基地吸引货源

发挥德铁、俄铁、波铁等合作伙伴在回程货源信息及适铁货源价格等方面的优势，深化合作，充分调动其在欧洲集揽货物的积极性。同时，充分利用中国在中欧班列沿线国家的境外合作园、工业园区、海外仓和境外加工基地等，吸引更多稳定的货源，提高回程重载率，降低运行成本，进一步提高中欧班列竞争力。

3. 加强中欧班列优势宣传

要强化境外营销宣传，通过举办展览、参加交流论坛、组织项目推介等形式，提高中欧班列品牌影响力，叫响“中欧班列”品牌。加强与邮政、电商等企业合作，积极开发国际邮包、电商快件、冷链运输等高附加值货源。强化货源集结力，必须打好多式联运的组合拳。积极参与国际物流项目投标，通过全程、半程及接续多种方式，扩大回程货源，进一步增加回程班列开行数量。通过各种展销会、商贸洽谈会，推动中国与中亚、欧洲企业及贸易商开展合作，鼓励中国物流企业与中欧班列沿线国家的主要城市共建物流中心，鼓励物流企业在沿线国家布设分公司、成立合资物流企业，争取和组织返程货物。

# 参考文献

[1]庄河．铁路货运高质量发展策略研究[J]．铁道运输与经济，2022，44(1)：1－6.

[2]鞠维伟，顾虹飞．中国—中东欧国家务实合作助推“一带一路”高质量发展[J]．新视野，2022(1)：55－61.

[3]张梦婷，钟昌标．跨境运输的出口效应研究：基于中欧班列开通的准自然实验[J]．经济地理，2021，41(12)：122－131.

[4]韦东明，顾乃华．国际运输通道与区域经济高质量发展：来自中欧班列开通的证据[J]．国际贸易问题，2021(12)：34－48.

[5]陈向明．物流型国家：物流体系的空间力量——中欧班列对欧亚大陆枢纽城市的影响[J]．探索与争鸣，2021(11)：121－134，179.

[6]张建清，龚恩泽．中欧班列对中国城市全要素生产率的影响研究[J]．世界经济研究，2021(11)：106－119，137.

[7]于雪峤．中欧班列集并运输组织模式优化研究[J]．铁道运输与经济，2021，43(10)：8－13.

[8]徐紫嫣，夏杰长，袁航．中欧班列建设的成效、问题与对策建议[J]．国际贸易，2021(9)：45－51，88.

[9]李玉民，王博，潘晓景，等．中欧班列五大集结中心竞争演变特征及竞争力提升对策[J]．铁道运输与经济，2021，43(9)：38－44.

[10]闫伟，朱晓宁，邓宇君，等．中欧班列去程运输组织优化模型[J]．铁道学报，2019，41(2)：1－7.

[11]王艳波．中欧班列运输组织模式创新与实践[J]．铁道运输与经

济,2021,43(8):1－5.

[12]陈思,梁玥,钟娟,等. 面向线路共享的中欧班列集并模式探讨[J]. 铁道运输与经济,2021,43(6):87－92.

[13]刘晓宇,杨斌,黄振东. 中欧班列沿线贸易——物流网络结构优化分析[J]. 铁道运输与经济,2021,43(4):54－60.

[14]张蒙蒙,许茂增. 考虑政府补贴决策的中欧班列竞合关系研究[J]. 交通运输系统工程与信息,2021,21(2):16－21,29.

[15]兰泽康,何世伟,许琰. 考虑车底和集装箱周转的中欧班列动态服务网络设计研究[J]. 铁道学报,2021,43(4):25－32.

[16]周学仁,张越. 国际运输通道与中国进出口增长:来自中欧班列的证据[J]. 管理世界,2021,37(4):52－63,97.

[17]张丽英,邵晨. 中欧班列铁路运单的公约困境及解决路径[J]. 国际贸易,2021(3):60－65.

[18]李光芹. 贸易便利化对我国出口的影响及贸易潜力分析:基于"中欧班列"沿线国家的实证[J]. 商业经济研究,2021(5):155－158.

[19]张建斌,张雅薇,袁强. 中欧班列节点城市物流经济发展测度与空间联系[J]. 商业经济研究,2021(1):106－109.

[20]刘华,房乐乐."一带一路"下中欧班列开通与对外贸易结构性动能转化:兼论政府与市场的差异化影响[J]. 商业经济研究,2020(24):147－150.

[21]杨春蕾,张二震."一带一路"建设经济增长的空间外溢效应研究:以"渝新欧"班列为例[J]. 世界经济与政治论坛,2020(6):142－157.

[22]耿进昂."一带一路"倡议下中欧班列发展对策探讨[J]. 铁道运输与经济,2020,42(10):69－73.

[23]陈玲玲,翟会颖,张媛媛,等. 中欧班列对中欧贸易的影响:基于贸易引力模型和双重差分模型[J]. 商业经济研究,2020(19):139－142.

[24]孙章. 中欧班列与流通效率[J]. 城市轨道交通研究,2020,23(10):6,202.

[25]贾鹏,赵雪婷,段京铭,等. 高质量发展视角下中欧班列运行线路

综合评价研究[J]. 大连海事大学学报,2020,46(4):32-41.

[26]刘笑丹,庞植谦. 渝新欧班列发展在进出口贸易中的问题及对策[J]. 老字号品牌营销,2020(9):33-34.

[27]谢雨蓉,高咏玲,陈永东,等. 市场竞争下考虑发车间隔的中欧班列定价与补贴决策研究[J]. 交通运输系统工程与信息,2020,20(4):7-13,20.

[28]常海青. 新冠肺炎疫情下中欧班列功能拓展路径探析[J]. 铁道运输与经济,2020,42(8):104-108.

[29]廖鑫玥,黄泓晟,李柯依,等."一带一路"倡议下蓉欧快铁运营现状分析及发展建议[J]. 企业科技与发展,2020(8):30-32.

[30]朱星龙,汤银英,陈思. 基于集装箱共享的中欧班列空箱调租优化[J]. 铁道科学与工程学报,2020,17(6):1571-1577.

[31]陈云,卢春房,盛黎明,等. 基于共建共赢的中欧班列高质量发展战略研究[J]. 中国工程科学,2020,22(3):125-131.



[32]许英明. 高质量发展背景下中欧班列发展现状、挑战与对策[J]. 国际贸易,2020(5):28-34.

[33]王军杰,申莉萍. 从运单到提单:中欧班列规则创新[J]. 西南民族大学学报(人文社会科学版),2020,41(6):73-77.

[34]吴艳艳."一带一路"背景下中欧班列驮背运输的发展对策[J]. 对外经贸实务,2020(5):40-43.

[35]方行明,鲁玉秀,魏静. 中欧班列开通对中国城市贸易开放度的影响:基于"一带一路"建设的视角[J]. 国际经贸探索,2020,36(2):39-55.

[36]张祥建,李永盛,赵晓雷. 中欧班列对内陆地区贸易增长的影响效应研究[J]. 财经研究,2019,45(11):97-111.

[37]徐建光. 铁路中欧班列运行速度提升探讨[J]. 铁道运输与经济,2019,41(S1):5-10.

[38]张凤琴."长安号"中欧班列竞争力评价与发展对策研究[D]. 西安:长安大学,2019.

[39]于民,刘一鸣．中欧班列、中欧贸易吸引力及前景分析:基于贸易引力模型[J]．经济问题探索,2019(10):125 - 133.

[40]文瑞．中欧班列运行效益分析及高质量发展对策[J]．区域经济评论,2019(5):110 - 116.

[41]陈淑梅,沈菁芝．标准联通“一带一路”的中欧班列实证研究[J]．东南大学学报(哲学社会科学版),2019,21(5):45 - 54,146.

[42]袁庆达,江静,李金龙．中欧班列始发城市货源吸引力研究[J]．上海对外经贸大学学报,2019,26(5):52 - 61.

[43]郭一李,杨兴,周蕾,等．蓉欧快铁影响下的成都跨境电商产业园发展[J]．文化产业,2019(11):33 - 34.

[44]任静茹．基于海铁市场竞争的蓉欧快铁定价研究[D]．成都:西南交通大学,2019.

[45]黄森,呙小明,蒋婷玉．“渝新欧”沿线国家交通物流效率测算及比较研究[J]．当代经济,2019(4):20 - 23.

[46]王宏智,孙金俊．“一带一路”倡议下中欧班列国际物流运输平台的构建[J]．对外经贸实务,2019(3):77 - 80.

[47]许英明,邢李志,董现垒．“一带一路”倡议下中欧班列贸易通道研究[J]．国际贸易,2019(2):80 - 86.

[48]赵全赏．东部通道中欧班列发展对策研究[J]．铁道运输与经济,2019,41(2):23 - 26,31.

[49]王博．中欧班列的补贴方式与退坡方案研究[D]．郑州:郑州大学,2021.

[50]李瑞．郑欧班列东盟线路开行[J]．中国投资,2019(1):78.

[51]王浩宇,肖健美．中欧班列的战略转型:以“渝新欧”为例[J]．综合运输,2018,40(11):87 - 91.

[52]马斌．中欧班列的发展现状、问题与应对[J]．国际问题研究,2018(6):72 - 86.

[53]谢建英．蓉欧班列运营现状及发展趋势分析[J]．物流工程与管理,2018,40(11):36 - 37,47.

[54]石丽,张步阔．贵州融入“渝新欧”提升外向型经济发展对策研究[J]．物流科技,2018,41(11):108－110.

[55]袁云鸽．郑欧班列的建设与优化研究[J]．河南机电高等专科学校学报,2018,26(5):27－30.

[56]赵怡然,杨忠振,Notteboom T．中欧铁路班列在中欧贸易运输中的作用[J]．大连海事大学学报,2018,44(3):33－40.

[57]焦知岳,景阳诺．中欧班列运输存在的高成本问题及原因分析[J]．对外经贸实务,2018(7):28－31.

[58]谭丽．“渝新欧”国际铁路背景下对重庆贸易及发展对策研究[J].知识经济,2018(14):24－25.

[59]Strzewiczek．蓉欧快铁的发展及其对波兰—中国贸易的影响[D]．成都:电子科技大学,2018.

[60]冯芬玲,刘洋．考虑货物时间价值的中欧班列差异化补贴经济性分析[J]．铁道运输与经济,2022,44(6):1－7.



[61]王东方,董千里,陈艳,等．中欧班列节点城市物流网络结构分析[J]．长江流域资源与环境,2018,27(1):32－40.

[62]李灿．新时代“一带一路”倡议下中欧班列运输规则体系的构建[J]．西南政法大学学报,2017,19(6):63－69.

[63]李橙,龙海,李芳荣,等．植物检疫服务中欧班列扩量增效的现状与对策[J]．植物检疫,2017,31(6):11－14.

[64]刘蒙蒙,高更君．基于双层规划的中欧班列集配中心选址研究[J]．广西大学学报(自然科学版),2017,42(5):1810－1816.

[65]戴林莉．增强对欧外贸竞争力研究:基于中欧班列提单视角[J].国际贸易,2017(10):22－25.

[66]王雄．浅析“一带一路”背景下蓉欧快铁发展现状、挑战与对策[J]．西部经济管理论坛,2017,28(3):74－77,89.

[67]陈蒙果．“郑欧班列”铁路物流的SWOT分析[J]．当代经济,2016(23):26－27.

[68]王军杰.论“一带一路”沿线投资政治风险的法律应对[J].现代

法学,2018,40(3):170－179.

[69]李肖依,于辉. 跨国双向供应链政府补贴退出策略的路径选择[J]. 中国管理科学,1－12.

[70]高咏玲,陈永东,等. 市场竞争下考虑发车间隔的中欧班列定价与补贴决策研究[J]. 交通运输系统工程与信息,2020,20(4):7－13,20.

[71]吕晓剑,邓秋玮. 山东省大气环境效率时空分异与影响因素分析:基于超效率 SBM 模型和 GML 指数[J]. 生态经济,2020,36(12):193－199.

[72]李玉民,王博,潘晓景."一带一路"倡议下中欧班列补贴退坡策略设计[J]. 西安财经大学学报,2022,35(3):109－120.

[73]曹霞. 渝新欧(重庆)物流有限公司物流服务模式研究[D]. 重庆:重庆交通大学,2012.

[74]伍海泉,李长年."四国五方"携手合作打造利益共同体"欧亚铁路"班列常态开行又添新保障[J]. 大陆桥视野,2012(6):18－19.

[75]古龙高. 基于陆桥通道视角的中欧班列优化与建设的思考[J]. 大陆桥视野,2015(5):46－49.

[76]裴长洪,刘斌. 中国对外贸易的动能转换与国际竞争新优势的形成[J]. 经济研究,2019(5):4－15.

[77]王永进,盛丹,施炳展,等. 基础设施如何提升了出口技术复杂度?[J]. 经济研究,2010(7):103－115.

[78]刘生龙,胡鞍钢. 交通基础设施与中国区域经济一体化[J]. 经济研究,2011(3):72－82.

[79]盛丹,包群,王永进. 基础设施对中国企业出口行为的影响:"集约边际"还是"扩展边际"[J]. 世界经济,2011(1):17－36.

[80]陈丽丽,龚静. 区域服务贸易协定、制度因素与服务贸易促进体系研究——基于49国之间双边服务贸易流量面板数据的实证分析[J]. 国际贸易问题,2014(11):132－143.

[81]孔昱程. 浅谈"一带一路"对中国经济的深远影响[J]. 经贸实践,2018(2):87.

[82]王莉莉．中国投资“一带一路”功不可没带给世界更多发展机遇[J]．中国对外贸易,2020(2):19-21.

[83]刘德智,邓晓雅．“丝绸之路经济带”沿线国家物流效率测量研究[J]．长安大学学报(社会科学版),2020,22(1):9-18.

[84]龚李雪．探析“一带一路”背景下双多边机制对中国—东盟经济发展的影响[J]．法制与经济,2017(10):136-138.

[85]孙妍．国际邮轮母港对区域经济的带动效应研究:以三亚为例[J]．现代城市研究,2017(4):120-124.

[86]李耀华．中欧班列的运行现状与发展对策[J]．对外经贸实务,2015(2):91-93.

[87]黄亚婷．中欧班列沿线国家的贸易潜力实证研究[D]．济南:山东大学,2021.

[88]宿展豪．中欧班列(渝新欧)对重庆出口贸易的影响研究[D].大连:大连海事大学,2020.



[89]江志娟,关高峰．“一带一路”倡议下的国际通道中转枢纽设计模型和算法[J]．公路交通科技,2017,34(10):135-143.

[90]刘丁毓．港口经济与腹地经济互动发展研究[D]．青岛:中国海洋大学,2015.

[91]贺煜,唐纲．中欧班列(渝新欧)十年奔驰“新丝路”[J]．重庆与世界,2021(5):14-15.

[92]王宝川,黄苇．“渝新欧”背景下的法律翻译教学及应用型翻译人才培养研究[J]．就业与保障,2021(5):97-98.

[93]贺煜．从中欧班列(渝新欧)到中欧班列(成渝)号——打造区域协作高水平样板[J]．重庆与世界,2021(3):35-37.

[94]李天昊,魏玉光．基于节点功能设计的中欧班列网络开行方案模型[J]．交通运输系统工程与信息,2018,18(增1):35-43.

[95]孔德琥,唐安冰．获批国家中欧班列集结中心示范工程　中欧班列(渝新欧)实力领跑[J]．重庆与世界,2020(8):16-17.

[96]莫辉辉,王姣娥,宋周莺．丝绸之路经济带国际集装箱陆路运输

的经济适应范围[J]. 地理科学进展,2015,34(5):581－588.

[97]杨艳. 成渝中欧班列协同合作　发挥重要战略通道作用[J]. 重庆与世界,2020(5):24－27.

[98]傅昕."渝新欧"国际铁路开通背景下的重庆对外贸易发展研究[D]. 重庆:重庆大学,2016.

[99]任贵祥. 以习近平丝绸之路精神重要论述指引"一带一路"建设[J]. 教学与研究,2020(2):17－24.

[100]朱琳,罗宏翔. 交通基础设施建设影响区域经济差距的特征、机理及其实证研究[J]. 云南财经大学学报,2022,38(3):31－45.

[101]孙伟增,牛冬晓,万广华. 交通基础设施建设与产业结构升级:以高铁建设为例的实证分析[J]. 管理世界,2022,38(3):19－34,58.

[102]李国良,王磊,杨晓严,等. 我国交通基础设施发展水平比较研究[J]. 公路交通科技,2021,38(11):97－105.

[103]李素英,孙华男,吴永立. 交通基础设施、环保投入与经济高质量发展[J]. 铁道工程学报,2021,38(11):104－108.

[104]潘林伟,林了雄. 交通基础设施对区域经济发展的空间溢出效应研究:基于成渝双城经济圈的时空数据分析[J]. 资源开发与市场,2022,38(1):53－60.

[105]谢众,李明广. 国内交通基础设施与出口国内增加值率:对构建"双循环"新发展格局的启示[J]. 技术经济,2021,40(9):146－158.

[106]张艳艳,于津平,李德兴. 交通基础设施与经济增长:基于"一带一路"沿线国家铁路交通基础设施的研究[J]. 世界经济研究,2018(3).

[107]梁双陆,张梅. 基础设施互联互通对我国与周边国家贸易边界效应的影响[J]. 亚太经济,2016(1):101－106.

[108]黄泽烨,周云岩. 中欧班列开通、物流效率对我国农产品跨境贸易的影响分析[J]. 商业经济研究,2022(10):154－157.

[109]舒芹,苏洋,朱光辉,等. 交通便利化对"丝绸之路经济带"沿线国家农产品贸易的影响:基于"中欧班列"开通的准自然实验[J]. 商业经济研究,2022(5):147－150.

[110]孙昕,殷文伟,艾万政. 基于竞争分析模型的中欧海铁联运与铁路运输的经济性比较[J]. 水运管理,2016,38(12):4-6.

[111]李佳,闵悦,王晓. 中欧班列开通能否推动产业结构升级?——来自中国285个地级市的准自然实验研究[J]. 产业经济研究,2021(3):69-83.

[112]刘劲松. 中欧班列补贴背后的博弈[J]. 大陆桥视野,2015(11):38-41.

[113]许英明,李鑫. 中欧班列对中欧经济地理的影响及展望[J]. 当代世界,2020(6):68-73.

[114]刘恩专,李津. 中欧班列是否改变了沿线城市的贸易方式:基于PSM-DID和SCM检验[J]. 经济问题,2020(4):121-129.

[115]孙彩虹,李肖依,于辉. 跨国双向供应链政府补贴退出策略的路径选择[J]. 中国管理科学:2020(12):1-12.

[116]龚勤林,余川江,罗宸. 中欧班列开通对长江经济带出口贸易的影响及机制研究[J]. 华中师范大学学报(自然科学版),2019,53(5):671-684.

[117]黄森,呙小明. 我国对"中欧班列"沿线国家绿色投资效率评价及影响因素研究:基于SBM-undesirable模型与空间计量模型的结合[J]. 国际商务研究,2018,39(6):5-16.

[118]付新平,张雪,邹敏,等. 基于价值量模型的中欧班列经济性比较分析[J]. 铁道运输与经济,2016,38(11):1-5.

[119]霍昌. 徐工专列:"徐州号"中欧班列启程[J]. 今日工程机械,2020(1):62.

[120]贾宗杰. 中欧班列首列木材专列抵达日照[J]. 大陆桥视野,2019(9):33.

[121]曾玮,毛保华. 基于货物价值特性的国际集装箱班列竞争力分析[J]. 交通运输系统工程与信息,2019,19(2):37-45.

[122]林备战. 中欧班列陆续开通多条跨境电商专线[J]. 农产品市场,2019(16):42-43.

[123]张芳. 运贸一体化运营模式下发展铁路冷链物流的对策[J]. 铁道货运,2016,34(5):17－20,48.

[124]刘慧茹. 建立"运贸一体化"体制提高铁路经济效益[J]. 哈尔滨铁道科技,1998(1):3－5.

[125]李玉民,潘晓景,王博,等. 基于改进 Hotelling 模型的中欧班列运营商竞合关系研究[J]. 铁道科学与工程学报,2021,18(4):1035－1042.

[126]韦东明,顾乃华. 中欧班列开通能否推动区域创新效率的提升[J]. 科学学研究,2021,39(12):2253－2266.

[127]王臻杰,张得志,秦进,等. 考虑运输规模效应与网络拥堵的中欧班列运输网络优化[J]. 铁道学报,2021,43(11):18－28.

[128]陆梦秋,陈娱,陆玉麒. "一带一路"倡议下中国陆海运输的空间竞合格局[J]. 地理研究,2018(2):404－418.

[129]张晓明,徐芳,江文辉,等. 考虑资金约束的中欧班列运价与运量决策分析[J]. 交通运输系统工程与信息,2022,22(1):30－36.

[130]田宇宁,王莹,陈喜明. 基于货运服务链的中欧班列运输服务模式探析[J]. 铁道运输与经济,2022,44(3):36－41.

[131]吕敏,帅斌,周照玉,等. 考虑边境站延误风险的中欧班列运输路径决策[J]. 交通运输系统工程与信息,2021,21(3):254－259.

[132]张得志,张方涛,陈婉茹,等. 需求不确定下的中欧班列国际运输网络设计优化[J]. 铁道科学与工程学报,2021,18(11):2841－2848.

[133]龚燕秋,张军. 中欧班列耦合共生模式及机制探究[J]. 铁道运输与经济,2020,42(11):51－56.

[134]王宁,单大超,谢玟. 中欧班列东部通道发展现状及对策研究[J]. 对外经贸实务,2022(2):91－95.

[135]张琦,姜昊,魏玉光,等. 基于货物时间价值的中欧班列服务网络设计[J]. 铁道学报,2020,42(6):12－17.

[136]渝新欧(重庆)物流有限公司[EB/OL]. http://www. yuxinoulogistics. com/.

[137]郑州国际陆港开发建设有限公司[EB/OL]. http://www. zzguo-

jilugang. com/.

[138]中欧班列运输[EB/OL]. https://www. cetrains. com/.

[139]长安号班列官网[EB/OL]. https://www. xaport. net/login.

[140]义新欧班列[EB/OL]. http://yixinou. com/.

[141]中欧班列建设发展规划(2016—2020年)[EB/OL]. 2016-10-22. https://www. yidaiyilu. gov. cn/wcm. files /upload/CMSydylgw/201701/201701100443041. pdf.

[142]刘鹊,施曼,韦倩青. 由GVC转向NVC——我国沿海代工企业产业升级新路径探析[J]. 现代管理科学,2014(8):90-92.

[143]Wang J Jie, Jiao Ji, Mal. An organizational model and border port hinterlands for the China-Europe Railway Express[J]. Journal of Geographical Sciences, 2018, 28(9):1275-1287.

[144]Bensassi S, Marquez-Ramos L, Martinez-Zarzoso I, et al. Relationship between logistics infrastructure and trade: evidence from Spanish regional exports[J]. Transportation Research Part A: Policy and Practice, 2015, 72:47-61.

[145]Donaldson D. Railroads of the raj: estimating the impact of transportation infrastructure[J]. American Economic Review, 2018, 108 (4-5):899-934.

[146]Limao N, Venables A J. Infrastructure, geographical disadvantage, transport costs, and trade[J]. The World Bank Economic Review, 2001, 15(3):451-479.

[147]Moura T G Z, Garecia-Alonso L, Del Rosal I. Influence of the geographical pattern of foreign trade on the inland distribution of maritime traffic[J]. Journal of Transport Geography, 2018, 72: 191-200.

[148]Xu Y M, Li X. China railway express to europe: implications to China-Europe economic geography and prospects[J]. Contemporary World, 2020(3): 37-40.

[149] Chengdu People's Association for Freindship with Foreign Coun-

tries. China – Europe Railway Express(Chengdu) connects Chengdu with Europe for anti – pandemic cooperation[J]. Voice of Friendship,2020(3): 19 – 21.

[150]Chen J. China – Europe Railway Express promoting trade [J]. China Today,2021,70(9):3,22 – 25.

[151]Wang A. China – Europe Railway Express gives wings to China – Turkey cooperation [J]. The Belt and Road Reports . China's Foreign Trade,2021(4): 34 – 35.

[152]Alexei G. China – Europe railway express sets record in transportation of goods[J]. 2021(5): 16.

[153]Li S Q, Lang Mao X, Yu Xue Q, et al. A sustainable transport competitiveness analysis of the China Railway Express in the context of the Belt and Road Initiative[J]. Sustainability, 2019,11(10):1 – 30.

[154]Wang J, Jiao Jing J, Ma L. An organizational model and border port hinterlands for the China – Europe Railway Express[J]. Journal of Geographical Sciences,2018,28(9):1275 – 1287.

[155]Zhao Lai J, Zhao Y, Hu Qing G, et al. Evaluation of consolidation center cargo capacity and locations for China Railway Express [J]. Transportation Research Part E: Logistics and Transportation Review, 2017, 117(C): 58 – 81.

[156]Kundu T, Sheu J B. Analyzing the effect of government subsidy on shippers' mode switching behavior in the Belt and Road Lnitiative context [J]. Transportation Research Rart E: Logistic Transportation Review, 2019, 129: 175 – 202.

[157]Feng F, Zhang T, Liu C, et al. China Railway Express subsidy model based on game theory under " the Belt and Road " Initiative[J]. Sustainability, 2020, 12(5):1 – 16.

[158]Ng A, Padilha F, Pallis A A. Institutions, bureaucratic and logistical roles of dry ports: the brazilian experiences [J]. Journal of Transport Geography, 2013,27(FEB.):46 – 55.

[159] Islam S. Simulation of truck arrival process at a seaport: evaluating truck - sharing benefits for empty trips reduction [J]. International Journal of Logistics, 2017: 1 - 19.

[160] I Shfaq R, Sox C R. Hub location - allocation? Intermodal logistic networks [J]. European Journal of Operational Research, 2010(10): 213 - 230.

[161] Jesus F, Utsav K. The role of trade facilitation in central Asia: results form a gravity model [J]. Easern European Econmics, 2012, 50(4): 5 - 20.

# 索引

# 后 记

又是一年冬去春来、时移物换；又是一年奋发蹈厉、砥志研思。经过数十年的沉淀和一年时间的潜心撰写，该书终于迎来了入篮时刻。回顾研究历程，收获颇丰，使我摒弃杂念，迈步前行，使我凝神静气，思考研究对象蕴含的道理。数十年来，中欧班列的发展是我一直关注和研究的课题，在此领域的不断探索也形成了些许观点，如今一并写出与大家进行探讨。

本书在撰写过程中，得到了学校科研处的资金支持和领导的支持，也受到了科研处领导和学院领导的大力鼓励，对此深表感谢，同时亦深感欣慰，虽苦虽累但我义无反顾。还要特别感谢书稿撰写过程中几位前辈老师的指点，徐学荣教授、苏风昌教授、徐萍教授多次提出宝贵意见。苗晶晶同学给予了搜集义新欧班列资料的帮助，陈重成、王仕龙同学给予部分班列数据搜集和整理的帮助，在此一并表示衷心的感谢。

与此同时，还要感谢我的父母，他们一如既往地支持和鼓励我。感谢我的家人，正是他们不辞劳苦的付出，让我没有后顾之忧，才能有更多的时间和精力潜心于研究和写作。总之，亲情是温暖的、深厚的，我为有一个始终可以获得温暖与支持的家而觉得幸运。

中欧班列高质量发展研究内容还需要不断拓展，班列的带动效应还需要在更宽泛的领域和空间进行论证。由于中欧班列开行实践仅有10多年时间，大多数城市班列的带动效应短时间内不够明显，加上部分城市班列开行情况数据欠缺，研究受到一定制约。另外，因水平有限，本书存在不足与疏漏在所难免，敬请广大读者批评指正，多提宝贵意见，以帮助我能做得更好，对大家的不吝赐教深表感谢。后期，我将把大家的支持、鼓励和批评化为工作的动力，继续进行班列发展的研究，再谱新篇。未来，我将拓宽研究范畴，深化研究内容，希望能为提升中欧班列高质量发展水平、深化内陆城市外向型经济发展、推动丝绸之路经济带融合发展做出贡献。

王丹

2022 年 5 月